AF559073

Ullrich Auffenberg

Kopf hoch ...

Ullrich Auffenberg

Kopf hoch …

Sonst siehst du Sterne nicht

BONIFATIUS

Bibliografische Information der Deutschen Nationalbibliothek

Die Deutsche Nationalbibliothek verzeichnet diese Publikation in der Deutschen Nationalbibliografie; detaillierte bibliografische Daten sind im Internet über http://dnb.ddb.de abrufbar.

Cover: ©EvgeniiasArt/AdobeStock
Covergestaltung: Melanie Schmidt, Bonifatius GmbH

ISBN 978-3-89710-884-4

3. Auflage 2022

Druck: cpi-print.de

Bonifatius GmbH Druck · Buch · Verlag Paderborn

Inhalt

Leben zu den Sternen

Vorwort

Ohne Strom und Heizung nur bei Kerzenschein waren wir zur Mitternacht der Jahreswende 2019/20 in der Kapelle „Hillige Seele“ zwischen zwei Dörfern in der Paderborner Hochebene versammelt. Der Wind pfiff um die Mauern, rüttelte an den Fenstern und der Tür. Die kleine Gemeinde rückte in dieser nächtlichen Atmosphäre enger zusammen.

Zwischen uns stand die Frage: „Was erwarten wir vom kommenden Jahr und dem beginnenden Jahrzehnt der zwanziger Jahre?“ Niemand von uns ahnte, dass schon zwei Monate später eine nie gekannte Epidemie auch über uns im deutschen Wohlstandsland hereinbrechen sollte. Plötzlich waren wir nicht mehr Handelnde, sondern Ausgelieferte und die Fragestellung drehte sich: „Was erwarteten das neue Jahr, das vor uns liegende Jahrzehnt von uns?“

Die Grundfragen, die Menschen in der Seelsorge am häufigsten an mich richten, verdichteten sich in dieser Zeit: „Wie kann das Leben gelingen? Wie finde ich heraus aus Leid, Einsamkeit und Angst? Was ist Glück?“ Wie immer habe ich darauf keine Patentrezepte, nur Erfahrungen, die ich selbst gemacht habe oder die ich von anderen weiß. Darum erzählt dieses kleine Buch Mut-Mach-Geschichten.

Es versucht dies in drei Abschnitten:

- Was macht uns aus von unseren Wurzeln, unserer Herkunft her?
- Wie leben wir in Verbundenheit mit Menschen und der Schöpfung?
- Welche Visionen leiten uns? Wo steht der Himmel offen?

Vermittelt uns die Erfahrung einer bisher nie gekannten Pandemie nicht die Botschaft: „Rückt als Menschen näher zusammen, rückt näher zur Natur und zu Gott?“

„Blickte ich auf zum wahren Licht,
so erkannte meine Seele
das Geheimnis des Lebens."
(Hildegard v. Bingen)

Kopf hoch

„Kopf hoch, sonst siehst du die Sterne nicht," sagt ein Sprichwort.

Als meine Eltern mich mit 10 Jahren an den Pforten eines Internats, des „Erzbischöflichen Knabenseminars" in Paderborn, abgaben, in dem ich die nächsten Jahre bleiben sollte, sagte mein Vater zum Abschied: „Kopf hoch, Junge, wird schon werden."

Wir waren in diesem Internat 180 Kinder und Jugendliche, schliefen in großen Sälen, gingen vormittags zur Schule und machten des Nachmittags im absoluten Stillschweigen unsere Hausaufgaben in Studiersälen mit bis zu 30 Personen. Man war nie allein, immer unter vielen Menschen. Trotzdem gab es Zeiten tiefer Einsamkeit und schlimmen Heimwehs. Wenn mich z. B. nachts solches Heimweh plagte, schlich ich mich manchmal heimlich ans Fenster des Schlafsaals und hatte Glück, wenn die Sterne strahlten. Dann dachte ich: „Es ist derselbe Mond, es sind die gleichen Sterne, die über meinem Elternhaus leuchten wie hier. Das verbindet uns." Der Gedanke spendete Trost.

Kopf hoch! Es geht nicht darum, Menschen mit der moralischen Keule Druck zu machen in dem Sinne: „Lass dich nicht so hängen! Kopf hoch!“ Solche Diktate machen nicht stark, sie schwächen die Seele eines Menschen.

Wenn du trösten willst, dann sprich leise zu den Menschen. Lade sie ein, die Blickrichtung ihrer Stimmung zu wechseln, in die Weite, in den Horizont, in das Licht zu schauen.

„Kopf hoch, sonst siehst du die Sterne nicht.“

Erleben wir nicht häufig Momente, in denen der Aufwärtsblick zum Himmel helfen kann? Ich nenne zwei Beispiele.

Im Jahre 2010 gab es auf einem westfälischen Bauernhof eine Aussendungsfeier für zwei junge Menschen, gerade um die 20 Jahre alt. Tobias sollte für ein Jahr nach Brasilien, Teresa für dieselbe Zeit nach Australien gehen. Am Ende der Feier gaben viele Menschen, Eltern, Geschwister, Freunde und andere, den beiden gute Wünsche mit auf den Weg. Am Schluss trat der Opa an das Mikrophon und sagte: „Tobias und Teresa, es fällt auch mir nicht leicht, euch, meine Enkelkinder, in weiter Ferne zu wissen. Aber wenn ich zum Himmel, in die Weite schaue, dann sehe ich die Sonne, die Sterne und den Mond, und dann denke ich an euch. Und wenn ihr in euren neuen Lebenswelten dasselbe tut, dann verbindet uns das miteinander.“

Astrid Lindgren hat in ihrem Buch „Ronja Räubertochter“ das geflügelte Wort geprägt: „Sie hatten es schwer. Aber sie hatten es gemeinsam schwer. Das war ihr Trost.“

Der Blick in den Horizont des Himmels macht uns deutlich, dass das Leben unendlich viel größer ist als unsere derzeitige vielleicht traurige Realität, dass also wir mit unserem kleinen Leben an ein großes Leben angeschlossen sind.

Manchmal wird diese spirituelle Gewissheit zur Überlebenshilfe, wie das zweite Beispiel zeigt:

Ein Vater, der durch einen Autounfall seine 18-jährige Tochter verloren hatte, erzählte beim Trauerseminar, dass ihm ein Freund diesen Spruch „Kopf hoch, sonst siehst du die Sterne nicht“ auf einer Beileidskarte zugesandt hatte. Diese Worte spendeten ihm in seinen schwersten Zeiten am meisten Trost, wenn ihm der Boden unter den Füßen zu entschwinden drohte. Ich stelle mir dann vor, wie auch er die Treppe seiner Wohnung zum Dachboden emporsteigt und durch das Dachfenster die Augen seiner Seele in den Sternenhimmel taucht. Verbindet nicht auch das uns mit Menschen, die von uns gehen mussten?

Wenn Ihnen, liebe LeserInnen, in diesen Coronazeiten manchmal im buchstäblichen Sinne die Decke auf den Kopf fällt, dann gehen Sie zu einem Fenster, im wörtlichen oder im symbolischen Sinn. Öffnen Sie Ihre Welt, die zu klein zu werden droht, indem Sie z.B. einen lieben Menschen anrufen, einen Brief oder eine Mail schreiben oder tatsächlich zum Fenster gehen und das Gesicht der Sonne, dem Mond und den Sternen zuwenden, die auch hinter grauen Wolken strahlend scheinen.

Hildegard von Bingen war der Überzeugung, dass unsere Seele aufleuchtet, wenn die Augen bereit sind, lange genug vom Licht des Himmels zu trinken.

„Die Himmel erzählen die Herrlichkeit Gottes …“, so heißt es im Psalm 19. Blicken wir in den Himmel, dann sind wir Gott nahe, der uns sagen will: Das Leben ist unendlich viel größer als das Schicksal, das du gerade erleidest oder die Freude, die dich übermannt. Du bist und bleibst aufgehoben in einem großen Plan des Lebens.

Schauen Sie, liebe LeserInnen, abends vor dem Schlafengehen einfach mal aus dem Fenster. Nicht immer werden Sie Sterne entdecken. Aber zuweilen doch. Das reicht dann für die nächsten grauen Tage.

„Kopf hoch, sonst siehst du die Sterne nicht.“

Leben aus den Wurzeln

„Die auf Widerruf gestundete Zeit
wird sichtbar am Horizont“ der Zukunft.
nach Ingeborg Bachmann

Zwischen-Zeit

Wir kamen aus vollen Stadien
und leben jetzt mit Geisterspielen
Wir sind um die halbe Welt gereist
und wandern nun im Sauerland
Wir haben geschlemmt in exquisiten Lokalen
und essen wieder Brot mit Rübenkraut
Wir erfreuten uns am Obst aus südlichen Ländern
und pflücken die Äpfel und Birnen vom Wegesrand
Wir liebten den Rausch der Geschwindigkeit
und fahren doch so gerne Fahrrad
Wir suchten das schmerzlose Leben mit Pillen und Betäubung
und begehren nach Entgiftung und Natürlichkeit
Wir vertrauten der Technik über alle Maßen
und spüren wieder die Liebe zum Wald und zum Bach
Wir verpesteten die Winde mit Emissionen
und suchen nun die klare Luft für den Atem
Wir verdreckten die Wasser und ließen Fische sterben
und schätzen jetzt die Klarheit der Seen und Meere

Wir bewegten uns auf Traumschiffen und vergaßen zu träumen
und folgen doch so gerne den Träumen und Visionen

Die Coronazeit ist eine Zwischenzeit, die uns in vielfacher Weise herausfordert, einschränkt und belastet. Viele hoffen wahrscheinlich, dass das schnell vorbei geht. Auf der anderen Seite könnten aber auch Botschaften in dieser Zwischenzeit liegen nach der Devise „weniger ist mehr" im Sinne des oben aufgeführten Textes.

Zwischenzeiten regen uns auch sonst im Leben an zu entdecken, was unser Menschsein im Innersten unseres Daseins ausmacht.

Für junge Menschen ist eine wichtige Zwischen-Zeit die Periode zwischen Ausbildung und Beruf. Manche machen dann mit einfachen Mitteln eine weite Reise, um den Horizont des Lebens zu erweitern. Andere verpflichten sich zu einem sozialen Jahr, gehen als Missionare auf Zeit in die Dritte Welt, machen sonst ein Auslandsjahr, verpflichten sich im Bundesfreiwilligendienst ... Sie möchten ausloten, welche Fähigkeiten, Neigungen und Ziele in ihnen stecken und welcher Lebensentwurf dem am ehesten gerecht wird.

Zwischenzeit! Ich selbst habe im letzten Jahr die Zwischenzeit zwischen aktiven Berufsleben und der Zeit der Rente erlebt. Plötzlich weniger Termine, allein zu Hause, mehr Zeit für mich. Es stellt sich dann neu die

Frage: Wofür bist du eigentlich da? Was sind die Ziele? Ein Haus musst du nicht mehr bauen. Eine Familie zu gründen oder Karriere zu machen, das ist vorbei. Ich muss mich plötzlich neu erfinden, z.B. mehr von innen her leben als von außen, mit mehr Ruhe, Meditation, Entspannung und weniger Betriebsamkeit und Aktivität. Möglicherweise ist es jetzt die Zeit, die Seele zu beruhigen und einzustellen auf das Ende, „auf die auf Widerruf gestundete Zeit, die sichtbar wird am Horizont der Zukunft."

Solche Zwischenzeiten sind naturgemäß immer mit viel Ungeduld verbunden. Bertolt Brecht schreibt in seinem Gedicht Radwechsel:

> „Ich sitze am Straßenhang.
> Der Fahrer wechselt das Rad.
> Ich bin nicht gern, wo ich herkomme.
> Ich bin nicht gern, wo ich hinfahre.
> Warum sehe ich den Radwechsel
> mit Ungeduld?"

Zwischen-Zeit. Radwechsel-Zeit. Corona-Zeit. Es kommt vielfach auf die Sichtweise an. Ich kann diese Zeit gestalten nach dem Motto: Augen zu und durch, hoffentlich ist das bald vorbei. Oder ich erkenne die Lebenschance, die darin liegen kann: Lebe den Tag bewusster. Nimm das Tempo raus. Hab Zeit für lange Gespräche direkt oder am Telefon, für gute Filme und Bücher. Entschleunige deine Schritte; geh in der Natur nicht vorbei an den Pflanzen, den Tieren, dem Regenbogen ... lass dich berühren vom Licht, dem Wind, dem Wetter. Wende dein Gesicht der Sonne zu, dann fallen die Schatten hinter dich. So eine afrikanische Weisheit.

Corona-Zeit ist Zwischen-Zeit
Zeit von HEUTE
zwischen gestern und morgen
zwischen Eigennutz und Nächstenliebe
zwischen dieser Welt und Seiner Welt
Zwischenzeit
Zeit zu wandeln
Das Denken und Handeln
zu vertrauen auf den,
der sich immer noch nennt
Ich-bin-da, auf den, der sagt:
Ich bin der DA-ZWISCHEN
zwischen Mensch und Mensch
zwischen Geschöpf und Schöpfer
die ganze Lebenszeit eine Zwischenzeit
zwischen Erde und Himmel
Vergangenheit und Zukunft.

Für Jesus von Nazareth war selbst der Tod eine Zwischenzeit. Zwischen Himmel und Erde hängt er am Kreuz, quält sich regelrecht zu Tode. Neben ihm zwei Schwerverbrecher, Mörder wahrscheinlich oder Terroristen. Denn nur solche wurden im römischen Reich gekreuzigt. In dieser schrecklichsten aller Lebenssituationen sagt einer der Schwerverbrecher zu ihm: „Meister, denk an mich, wenn du in dein Paradies kommst." (Lk 23,43) Und Jesus hat die Kraft zu reagieren, trotz allem. Er antwortet nicht, wie man es bei einem solchen Schwerverbrecher erwarten sollte. Er sagt nicht: „Leg vor einem Gericht ein Geständnis ab und in der Kirche eine Beichte. Bereue, was du getan hast. Erwarte dann dein Urteil, Hölle oder Fegfeuer." Das alles sagt er nicht.

Er sagt nur diesen einen Satz: „Heute, heute noch bist du bei mir im Paradies." Vergebung sofort. Vergebung für ein ganzes verpfuschtes, weggeworfenes Leben. Der Funke einer Sehnsucht nach Vergebung und nach einem Leben in Harmonie, reicht aus, gerettet zu werden.

Corona-Zeit ist Zeit, heute zu leben,
Krisen-Zeit kann Gottes Zeit sein.

Und Gottes Zeit ist Vergebungszeit für all die Brüche in unserem Leben, damit ein Leben in Harmonie möglich wird.

„Offen steht die Tür, offener das Herz.“
Aus der Ordensregel
der Zisterzienser

Ein Zuhause für die Seele

Es kam jemand auf mich zu,
war es auf der Straße, in der Kneipe?
Ich weiß nicht mehr wo,
aber was er fragte,
ist mir noch bewusst:
Wo bist Du zu Hause?
Ich nannte Adresse,
Wohnort, Straße, Hausnummer.
Das meine ich nicht,
antwortete der Frager:
Wo bist Du mit Deiner
Seele zu Hause?

Ich wurde verlegen, stutzig;
Nahm mir Zeit zum Stillsein, Denken;
Dann rasselten die Gedanken:
Da, wo man mich versteht,
so nimmt, wie ich nun mal bin,
da bin ich daheim.
Mein Zuhause ist ein Ort
zum Reden, Plaudern, Tratschen,
zum Ausruhen und zum Tätigsein,
zum Streiten und Versöhnen,

ein Raum mit offener Tür
und einem noch offeneren Herzen.
Mein Zuhause
ist ein Garten mit Pflanzen, Blumen
und Insekten, Licht und Schatten,
frischer Luft und Lebensenergie,
feuchter Erde und verschmutzten
Händen, Gottes Schöpfung:
Mit mir in zärtlicher Berührung.

Daheim bin ich bei mir,
die Hände gefaltet wie ein Dach,
wie auf Dürers berühmten Bild,
Gott, sei Obdach für die Seele,
die zweifelnde, die leidende,
die fragende und die erschöpfte,
die fröhliche, die mutige, die hoffnungsvolle!
Gott, wo ich auch immer bin,
lass mich bei Dir zu Hause sein.

Es stellen sich nicht nur im Lockdown wichtige Fragen:

Ist die Familie für uns ein Zuhause?

Man hört in diesen Zeiten viel von vibrierenden Spannungen, bisweilen sogar von Gewalt in Familien, weil die Menschen auf zu engem Raum sich in ihren Beziehungen verknoten, beharken. Im normalen Leben verborgene Konflikte brechen plötzlich auf und werden leicht zum Drama.

Im Wort kommt *Familie* aus der lateinischen Sprache und meint „Hausgemeinschaft". Wie einsam kann man manchmal sein in einer intensiven Hausgemeinschaft, nicht nur in Zeiten von Covid 19.

Vor Jahren habe ich nach einer Ferienfreizeit einmal erlebt, dass ein Kind bei der Rückfahrt nicht in den Bus einsteigen wollte. Ich fragte es: „Warum nicht?" Es antwortete: „Zu Hause ist es nicht schön. Der Freund meiner Mutter mag mich nicht. Manchmal schlägt er mich."

Familie hat es heute nicht leicht, als Hausgemeinschaft zu leben. Die junge Generation hat einen ganz anderen Lebensrhythmus als die ältere. Hinzu kommt die Patchworkfamilie. Beziehungen werden auf Zeit geschlossen und gehen wieder auseinander. Wo bleibt die Seele?

Hausgemeinschaft braucht nicht Kontrolle, wohl aber die Achtsamkeit des Gemeinwesens, der Nachbarschaft, auch der Kirchengemeinde.

Ist die bürgerliche Gemeinde für deine Seele ein Zuhause?

In einem Dorf, in dem ich seelsorglich aushelfe, erlebe ich hin und wieder ein Zuhause. Ich sehe Menschen, die auf der Straße, am Gartenzaun stehen bleiben und miteinander sprechen. Andere, die teilweise weit weg leben, kommen gerne wieder in ihr Heimatdorf zurück, zum Schützen- oder anderen Heimatfesten. Sie wollen ihre Wurzeln spüren. Was sie in den ersten Lebensjahren an Werten und Liebe mit auf den Weg bekommen haben, trägt sie heute noch durch das Leben. Aber die Dörfer trocknen aus. Der Bürgermeister sitzt in der Stadt, die Tante-Emma-Läden haben geschlossen, zum Gottesdienst kommt jeden Sonntag ein anderer Pastor. Da ist es ein positives Zeichen, wenn Bürgerinitiativen Dorfläden oder Gemeinschaftshäuser gründen, sich der Kultur und der Natur annehmen durch Müllsammelaktionen oder Abende im Heimatdialekt und vieles mehr. Ein Reichtum, den ich nicht missen möchte.

Ist die Kirchengemeinde ein Zuhause?

Während der Pandemie sind die Kirchen noch viel leerer geworden. Ohnehin schon seltene Hausbesuche wurden noch sporadischer. Da fühlt man sich auch in seiner Kirchengemeinde immer weniger zu Hause. Die Gottesdienste überaltern hoffnungslos. Viele junge Menschen empfinden die traditionellen Formen als leere Worthülsen, die sie zum Leben nicht brauchen. Sie sagen: „Das bringt mir nichts." Ich wünschte mir, dass die Kirche die Zeichen der Zeit versteht und intensiv versucht, Beziehungen unter Menschen aufzubauen, ihnen mit Empathie und Achtsamkeit begegnet und Mut macht, aus der frohen Botschaft des Glaubens.

Wo bist Du zu Hause mit deiner Seele?

Von Jesus heißt es in der Bibel: Er hatte nirgends ein Zuhause. Nicht mal ein Nest hatte er wie ein Vogel, keine Höhle wie der Fuchs. Sein Lebensauftrag war, bei Menschen unterwegs und daheim zu sein, einem jeden ein Dach über der Seele zu bieten.

Das Johannesevangelium erzählt einmal, dass ihn die Menschen in Scharen verließen, weil er von ihnen eine radikale Lebensentscheidung forderte in Form dieser Anfrage: Wollt ihr nur vom materiellen Brot und Geldwerten leben oder von dem Brot des Himmels, das ich zu geben habe, also den Werten der Liebe, der Gewalt- und Konkurrenzlosigkeit, der Solidarität und der Gerechtigkeit? Für die meisten war die Entscheidung klar. Zurück blieb ein kleiner Rest von 12 Leuten. Und dann fragte er sie: Wollt nicht auch ihr gehen?

Zögernd und tastend, halb gläubig, halb ungläubig wagt Petrus zu antworten: „Wohin sollen wir denn gehen? Du hast Worte ewigen Lebens“, also bleibender Gültigkeit. Es gibt keine bessere Adresse als dich. Du redest kein Blabla. Du versuchst nicht, uns mit scheinbaren Sinnangeboten das Geld aus der Tasche zu ziehen. Du meinst uns, so wie wir sind. (Nach Joh 6, 50 ff)

Gott, wo ich auch immer bin,
lass mich bei Dir zu Hause sein.

„Friede in Gott ist Friede in dir!“
Nikolaus von der Flüe

Der zerfetzte Stab

Es gibt Augenblicke, da scheint unser ganzes Leben aus der Verankerung gerissen zu sein. Menschen, die mit dem plötzlichen Tod eines nahen Angehörigen konfrontiert werden oder mit einer schlimmen Diagnose während einer Krankheit, erleben das.

Solche Entwurzelung widerfährt uns manchmal auch in Ereignissen, die vielleicht kurz waren und glimpflich ausgingen. In einem Autounfall etwa, den wir relativ heil überstanden haben und von dem wir sagen: Das hätte aber auch wesentlich schlimmer ausgehen können. Was bleibt von solchen Erfahrungen? Dass das Leben immer lebensgefährlich ist, dass es schnell zwischen Himmel und Erde geraten kann. Vielleicht bleibt auch die Erkenntnis, im letzten nicht selbst Herr des eigenen Lebens zu sein, dass es möglicherweise von einer anderen Macht abhängt?

Im Jahr 2007 habe ich für eine kurze Zeit selbst erfahren müssen, wie der Boden im wahrsten Sinne wegrutschen kann. Ich war zu Besinnungswochen in einem Meditationshaus in der Zentralschweiz. Dort übt man das sogenannte Herzensgebet. In Zeiten langen Schweigens versucht man, innerlich im Rhythmus des Atmens zur Ruhe zu kommen. Während dieser Zeit kann es sein, dass ein Vers aus der Bibel, aus einem Gebet, einem Lied ... dich erreicht. Du versuchst diesen Satz wie ein Mantra schweigend ständig zu wiederholen, ihn sozusagen innerlich „wiederzukauen“.

Irgendwann spürt man, wie die Stimmung in Balance kommt und die Zuversicht wächst. In dem besagten Jahr war ich drei Wochen in dem Meditationshaus. Jeweils morgens und abends war eine Stunde Herzensgebet angesetzt. Zwischendurch ging ich in die Berge wandern und meditierte den Satz des Herzensgebets, der mir morgens gekommen war, über lange Strecken weiter.

An einem dieser Tage hatte ich den 2100 Meter hohen Pilatus bestiegen. Zwei Teleskopstöcke waren dabei eine gute Hilfe. Der Satz, den ich an diesem Tag immer wiederholte, hieß: „Friede in Dir, Gott, ist Friede in mir.“ Beim Abstieg war vor mir eine Familie mit drei Jungen. Die Kinder tobten ziemlich lebhaft den Berg herunter. Ich dachte, hoffentlich passiert hier nichts. Und plötzlich geschah es. Ein Junge war am Hang ausgerutscht. Man sah ihn nicht mehr, hörte ihn nur noch unglaublich schreien. Er war wohl einige Meter hinuntergerutscht und auf einem kleinen Felsvorsprung hängen geblieben.

Der Vater des Jungen drehte sich um, riss mir einen Teleskopstock aus der Hand und versuchte, den Jungen hochzuziehen. Ich sah, wie der Vater plötzlich selbst in den Hang hineinrutschte. Ich lief hin und versuchte ihn mit beiden Händen festzuhalten und merkte, wie auch der Boden unter meinen Füßen nachgab. Unglaubliche Panik erfasste mich. Aber im gleichen Augenblick drängte sich der Satz des Herzensgebets in die panischen Gefühle: „Frieden in Dir, ist Frieden in mir." Da war plötzlich Ruhe in mir wie im Auge des Orkans. Für den Bruchteil einer Sekunde hatte ich das Gefühl: Was auch geschieht, tiefer als in Gottes Hand können wir nicht fallen.

Da warf sich der Vater plötzlich zurück und hatte den Stock zerrissen in der Hand. Der Junge hatte sich so daran festgekrallt, dass er den oberen Teil des Stocks mit der Feder abgerissen hatte und Gott sei Dank auf den kleinen Felsvorsprung zurückgefallen war. Angelockt durch das Schreien tauchten professionelle Bergsteiger auf, die den Jungen mit Seilen aus der brenzligen Situation befreiten. Ich habe dem Vater nicht gesagt, dass für mich Gott mit im Spiel war, aber – ich denke – er hat es geahnt.

Ich habe an dieser Stelle begriffen, wie Gott Gebete erhört. Er wirft kein Seil vom Himmel und befreit uns. Er ist viel mehr die Kraft in uns, die uns die Stärke gibt, das Leben und sogar den Tod zu bestehen.

Den zerrissenen Teleskopstock habe ich heute noch zu Hause. Der Vater wollte ihn mir ersetzen. Mir ist er zerrissen viel wertvoller als vorher. Er erinnert mich an den Pilatus und die Erkenntnis: Gott durchbricht meinetwegen nicht die Naturgesetze. Aber er gibt mir die Gewissheit, dass er da ist, tief in meinem Herzen. Er hält mich, im Leben und im Sterben.

Mich erinnert dieses Erlebnis an eine Geschichte aus der Bibel. In der Wüste weidet Mose die Schafe seines Schwiegervaters. Da sieht er plötzlich einen Dornbusch, der brennt, aber nicht verbrennt. Aus dem Dornbusch erklingt eine Stimme, die ihn auffordert, das Volk Israel aus der Verbannung in Ägypten herauszuführen. Mose fragt die Stimme: „Wie heißt Du?" Die Antwort lautet: „Ich bin der, der ich bin da." (Ex 3,15) So offenbart sich Gott und verspricht dem Mose, ihn auf seinem schweren Weg zu begleiten. Mose glaubt ihm nicht und hat furchtbare Angst. Da fordert ihn Gott aus dem Dornbusch auf, den Stab, den er als Hirte in der Hand hält, zu Boden zu werfen. Sogleich wird der Stab zur Schlange. In panischer Angst weicht Mose zurück. Aber Gott lässt nicht locker: „Fass die Schlange beim Schopf, pack deine Angst an." Mose folgt, und die Schlange wird wieder zum Stab.

Die Botschaft lautet: Du hast die Kraft, deine Ängste zu überwinden in der Gewissheit, dass einer da ist, der mit dir geht, der dich hält und auffängt. Theologen meinen, dass Gott, der sich als der „Ich bin da" zu erkennen gibt, jedem Menschen sagen will: „Ich bin, wo du bist. Ich lasse dich keinen Augenblick deines Lebens allein."

Bisweilen treffe ich Menschen, die nach Überwindung einer lebensbedrohlichen Krankheit, nach einer schweren Trauer oder einem anderen Schicksalsschlag bekennen: „Ich bin jetzt gelassener dem Leben gegenüber, weil ich die Gewissheit habe, dass mein Leben noch woanders verankert ist als in den tausend Sorgen der Alltäglichkeit. Ich kann das nicht erklären, aber mein Vertrauen zum Leben ist stärker geworden.

Sei da Gott,
wenn mir der Boden unter
den Füßen wegzubrechen droht
und ich in den Abgrund schaue,
wenn ich auf der Intensivstation liege,
beatmet werde
und mich ganz allein fühle.

Sei da,
wenn ich mich eingesperrt fühle
in die 26 qm meines Zimmers
im Altenheim mit Besuchsverbot.

Sei da,
wenn die Gefühle mit mir
Karussell fahren und ich
mich ganz verwirrt und
ohne Orientierung fühle.

Sei da,
wenn mir alles über
den Kopf wächst und ich
die Fülle meiner Aufgaben
nicht mehr bewältigen kann.

Sei da,
wenn ich JA sagen muss
zu den letzten Schritten
meines Lebens, und öffne
mir die Weite neuer Horizonte.

„Wenn du zu lange in einen Abgrund schaust, schaut der Abgrund irgendwann in dich."
Friedrich Nietzsche

Von Schlucklöchern und Abgründen

Haben Sie schon einmal gesehen, wie ein Mensch buchstäblich vom Erdboden verschwindet? Vor ca. 100 Jahre hütete ein Mädchen die Schafe seiner Eltern auf einer Weide im Paderborner Land. Auf einem nicht weit entfernten Feld ackerte ein Landarbeiter mit einem Pferdegespann. Das Mädchen sah ihm zu und war zu Tode erschrocken, als der Mann samt den Pferden plötzlich nicht mehr zu sehen war. Was war passiert?

Die Gegend der Paderborner Hochebene, in der das geschah, nennt man die trockenen Dörfer. Das Erdreich besteht dort aus zerklüfteten Kalkgestein, durch das das Grundwasser absickert und in unterirdischen Bächen weiterfließt. In den über 200 Quellen der Pader unter dem Dom in Paderborn tritt es wieder zutage. Das führt dazu, dass es auf den Feldern der trockenen Dörfer sogenannte Schlucklöcher oder Schwalglöcher gibt. Das Gespann war in eins dieser Schlucklöcher gestürzt. Die Pferde musste man erschießen, sie hatten sich die Beine gebrochen, dem Landarbeiter war nichts passiert.

Es gibt auch sonst im Leben Ereignisse, in denen du den Boden unter den Füßen verlierst, da sich

Schlucklöcher von Leid, Tod, Sucht, Angst oder einer nicht bewältigten Schuld auftun und dich wie in einem Sog in sich hineinziehen. Es hält dich im Leben nichts mehr.

Als vor Jahren eine jugendliche Firmgruppe eine Klinik für anonyme Alkoholiker in Köln besuchte, da waren die Jugendlichen erschüttert über die Lebensgeschichten dieser Menschen, die gestürzt waren in Abgründe von tiefster menschlicher Entwürdigung und Entehrung. Und noch wussten viele von ihnen nicht, wie sie die da herauskommen sollten.

Ich denke, die Jugendlichen waren deshalb so betroffen, weil sie genau spürten, dass es solche heimlichen Schlucklöcher auch in ihren Leben geben könnte. Eine Lebensweisheit ist: Du musst mit deinen Abgründen fertig werden, sonst machen die Abgründe dich fertig. Und wenn du zu lange in einen Abgrund schaust, dann schaut der Abgrund irgendwann in dich. Wirklich fertig, vollendet im Leben, ist der Mensch erst, wenn er mit einer Sicherheit rechnet, die unter den Abgründen liegt, eine Sicherheit, die ewig gültig bleibt.

Anfang des 20. Jahrhunderts hat man in die Schlucklöcher in der Nähe der trockenen Dörfer auf der Hochebene Paderborns rote Farbe geschüttet und nach Tagen festgestellt, dass sich die Pader im Quellgebiet von Paderborn rot färbte. Unter den Schlucklöchern hatte sich ein Strom des Lebens gebildet, der zu neuen Quellen führt, die zum Beispiel die Blüte der Stadt Paderborn ermöglichten und die auch heute noch im Paderquellgebiet die Menschen faszinieren.

Ein Symbol auch für Erfahrungen, die wir Menschen machen. Manche, die durch schwere Jahre von Leid und Verzweiflung hindurchgegangen sind, äußern manchmal, dass neues Leben in ihnen aufgebrochen ist. Wie oft höre ich zum Beispiel Menschen etwa nach einem tragischen Unglücksfall in der Familie sagen: „Vieles, was mir früher wichtig war, ist mir jetzt vollkommen gleichgültig, all die Nebensächlichkeiten und Äußerlichkeiten zählen nicht mehr. Ich kann das Wesentliche vom Unwesentlichen unterscheiden. Beziehungen sind wichtiger als Geld." Sie haben die Tiefe des Lebens kennengelernt, das Leben unter dem Abgrund. Ein Psychotherapeut erzählte, dass eine häufige Gefühlslage bei seinen Patienten das Erleben inneren Abgestorbenseins ist. Sie seien erstarrt in Routine und Äußerlichkeit, jahrelang eingesperrt im Hamsterrad von Leistung und Konsum. Das Leben und die Hoffnung seien abgestorben, strömten nicht mehr in ihnen. Ängste hätten sie voll im Griff.

Gegenwärtig spüren es die meisten, dass die Zeit der Pandemie hektisch, bisweilen hysterisch ist. Sie vibriert, bebt, sie zittert. „Das Jahr 2020 ist das Jahr der Ängste", schreiben manche Zeitungen. Angst vor dem Virus oder anderen Krankheiten, vor Terroranschlägen, vor Amokläufen, vor „Überflutung" durch Flüchtlinge, vor der Klimakatastrophe. Die Liste ließe sich mit privaten Ängsten um den Arbeitsplatz, die Zukunft der Kinder, die Sicherung der Rente und des

Einkommens etc. endlos erweitern. Wie wird das weitergehen?

Zur Jahreswende 2019/20 habe ich in einer Predigt gefragt: „Was wird das kommende Jahrzehnt uns bringen? Wie werden wir am Ende der zwanziger Jahre leben?" Ich wusste nicht, dass wir schon zwei Monate später von einer Naturkatastrophe überrollt wurden, die ich in meinem langen Leben noch nicht gekannt habe. Und die Frage drängt sich umso stärker auf: Was erwarte ich von den kommenden Jahren? Oder muss ich sie andersherum stellen: Was erwartet das Leben, was die kommende Zeit von mir?

Für mich lautet die Antwort: Sie erwartet vor allem Vertrauen.

Gelernt habe ich dieses Vertrauen an meinen Wurzeln in den Zeiten der Kindheit. Symbolisch dafür steht für mich eine Kapelle in der Nähe der trockenen Dörfer, zwischen Dörenhagen und Paderborn, die den Namen *Hillige Seele* trägt. Mit ihr bin ich aufgewachsen. Diese Kapelle steht an einem uralten Ort der Spiritualität im Paderborner Land, der wahrscheinlich schon auf vorchristliche Zeit zurückgeht. Wie viele Menschen sind im Laufe der Jahrhunderte zu diesem Ort gekommen, weil ihnen das Atmen schwerfiel, weil sie zu ersticken drohten unter der Last ihrer Sorgen etwa um die Zukunft ihrer Familien, oder unter wirtschaftlichen Belastungen, unter Problemen und Konflikten mit Mitmenschen, unter Krankheiten, dem Tod eines lieben Menschen.

Frauen, die ein Kind erwarteten und solche, deren Kinderwunsch unerfüllt blieb, kamen zu dieser Kapelle, um Hoffnung zu gewinnen. Menschen in verzweifelter Not und solche mit großer Dankbarkeit nach überstandenen Prüfungen oder Schicksalsschlägen, haben diesen Ort aufgesucht. Hier, mit sich selbst und Gott allein, kann man den Tränen und Gebeten freien Lauf lassen und sich gestärkt erheben, um seine Rolle im alltäglichen Leben wieder anzutreten. Trauernden Menschen zeigt diese Kapelle zeichenhaft, dass selbst unter dem Abgrund des Grabes eines lieben Menschen – wie bei den Schlucklöchern – noch ein Grund ist, der zu neuen Quellen des Lebens führt.

„Weil viele Führer dieser Welt
sich wie Kinder benehmen,
müssen jetzt wir Kinder
die Verantwortung übernehmen."
Greta Thunberg

Das Kind in dir

Das innere Kind lebt in uns, auch wenn wir erwachsen oder schon im sehr fortgeschrittenen Alter sind, sagt die Entwicklungspsychologie. Manchmal zeigt es sich von seiner Sonnenseite, und wir können ausgelassen sein, scherzen, spielen ... Wir haben wie in frühen Kindertagen das Gefühl: Ich bin gemocht, geliebt, anerkannt, willkommen. Dass dieses Kind des Lichtes in uns lebt, tut der Seele gut.

Oft genug meldet es sich aber auch mit seinen Schatten. Da geschieht es z.B., dass ich mich in einer Gruppe wiederfinde, in der heftig diskutiert wird. Ich nenne Argumente, denen ein anderer Diskussionsteilnehmer widerspricht und sie entkräftet. Plötzlich fühle ich mich gekränkt und muss aufpassen, dass ich meine Emotionen in Griff behalte.

Was ist passiert? Wahrscheinlich zeigen sich alte Muster und Gefühle aus frühen Kindertagen. Da hat mir möglicherweise in der Schule ein Lehrer eine Aufgabe gestellt, und weil er weiß, dass ich Mathematik nur suboptimal beherrsche, sagt er gleich dazu: „Das weißt du ja sowieso nicht." Dieser Satz ist die psychische Keule einer schwarzen Pädagogik und kann mich dann ein Leben lang wie ein Schatten verfolgen. Die Aufgabe, die mir der Lehrer gestellt hat, ist längst vergessen, aber das damit verbundene Gefühl ist so präsent, als wenn es erst gestern geschehen wäre. Der Verstand kann vergessen, die Seele nicht. Denn da wohnt das innere Kind. Immer, wenn mir jemand nachweisen will, dass ich etwas nicht richtig gesagt oder gemacht habe, wühlt es meine Gefühle auf. Dann muss ich innerlich mit diesem Kind sprechen, es beruhigen und ihm zu verstehen geben: Wir tun uns nach dem Treffen etwas Gutes.

Unsere Psyche ist ein Container, gefüllt mit zahlreichen Schattenseiten des inneren Kindes. Diese Schatten haben viele Namen, wie z.B.: Das kannst du nicht; das machst du falsch; du genügst nicht; du bist faul; du siehst blöd aus; du bist nicht o.k. und vieles andere mehr.

In Zeiten, in denen wir sehr stark auf uns selbst zurückgeworfen sind, wie in denen der Pandemie, meldet sich am ehesten unser inneres Kind.

Wir schleppen dieses Kind ein Leben lang mit uns. Oft brennt es trotzig mit uns durch. Bis in hohe Regierungskreise soll das z.B. in Amerika zu beobachten gewesen sein. Es ist fatal, wenn in Zeiten der Not von Letztverantwortlichen Entscheidungen gefällt werden, die uns bisweilen irrational und kindisch erscheinen.

Ich finde es erstaunlich, dass die moderne Jeanne d´Arc der Klimapolitik, Greta Thunberg, das erkannt hat, wenn sie als 15-Jährige auf der Klimakonferenz in Kattowitz im Jahre 2018 gesagt hat: „Weil viele Führer sich wie Kinder benehmen, müssen wir Kinder die Verantwortung übernehmen." Man könnte ergänzen, damit die Erwachsenen endlich erwachsen, reif und souverän im Sinne der gemeinsamen Zukunft handeln können.

Kann das Kind in uns helfen bei der Frage, wie wir heute leben sollen?

Nach christlichem Glauben ist das Kind in uns nicht nur ein Sonnen- oder Schattenkind, es ist auch das göttliche Kind. Denn Gott ist Mensch geworden, nicht nur vor 2000 Jahren. Er wird es mit jedem Kind, das das Licht der Welt erblickt. „Als Gott dich schuf, legte er liebevoll ein Stück von sich in dich hinein." (Ruth Heil) Darum sagt Jesus: Wenn ihr nicht werdet wie die Kinder, könnt ihr die Lebensweise Gottes nicht verstehen. Und er umarmte die Kinder.

So sollen wir leben, dass wir zunächst unser inneres Kind umarmen, JA sagen zu unseren schönen, aber auch den dunklen Seiten. Ja, es gehört auch zu uns, dass wir trotzig, jähzornig, beleidigt sein können. Dass die Angst in uns, zu kurz zu kommen, immer wieder diese hässlichen Botschaften durchschaltet: Du bist nichts wert, du bist nicht gemocht ... Dieses Kind ist bedürftig. Wir müssen es nicht verwöhnen, auch nicht erziehen, sondern auf Augenhöhe mit ihm umgehen, es anerkennen und ihm Lebensrecht geben. Manchmal sollten wir mit ihm spazieren, ins Kino oder ins Theater gehen, uns einfach ausruhen oder gut essen; mit Freunden reden oder in der Kirche, der Natur mit Gott sprechen, also zweckfrei einfach da sein. Wenn unsere Emotionen mit uns durchzugehen drohen, dann ist es Zeit für diese Wertschätzung des eigenen Kindes. Von etlichen Menschen habe ich erfahren, dass die coronatische Zeit mit ihren Entschleunigungen den Zugang zu diesem inneren Kind wieder neu geöffnet hat.

Wie sollen wir leben? Das Land des Lebens, das uns das Kind zeigen will, wie Jesus sagt, ist auf keinem Atlas zu finden, auch nicht im Navi oder auf dem Handy. Es ist das Land, das zwischen uns liegt. Die Juden nannten es Land Shalom, Jesus das Reich Gottes. Shalom ist Friede nicht allein als Abwesenheit von Krieg, sondern zuallererst als Stimmigkeit mit dem eigenen Lebensentwurf, als Versöhnung mit dem inneren Selbst. Wer dieses Selbst, so wie es geworden ist, und wie es jetzt ist, schützen kann, der schließt auch Frieden mit den nächsten und fernen Nachbarn.

Wenn ich ausspannen und abschalten will, fahre ich gern nach Vierzehnheiligen, einer großartigen barocken Wallfahrtskirche in der Nähe von Bamberg. Dort gibt es einen Gnadenaltar, der ein Kind zeigt, das von vierzehn heiligen Nothelfern umgeben wird. Sind es Heilige oder Engel? Wen oder was beschützen diese Heiligen/Engel:

Das Christkind oder mich, mein inneres Kind oder das Christkind in mir?

Wahrscheinlich das Kind in jeder Weise. Auf jeden Fall wollen wir Menschen beschützt leben, nicht nur in Seuchenzeiten, beschützt auch von jenseitigen

Kräften? Das ist die Sehnsucht nach einem paradiesischen Schutz, der uns Sicherheit gibt. Eindrucksvoll ist sie ausgedrückt in dem Abendgebet in der Oper *Hänsel und Gretel* von E. Humperdinck:

Abends, wenn ich schlafen geh,
Vierzehn Engel um mich stehn,
Zwei zu meinen Häupten,
Zwei zu meinen Füßen,
Zwei zu meiner Rechten,
Zwei zu meiner Linken,
Zweie, die mich decken,
Zweie, die mich wecken,
Zweie, die mich weisen,
Zu Himmels-Paradeisen.

Dieses Gebet, das er als Kind mit seiner Mutter gebetet hatte, diente übrigens D. Bonhoeffer als Vorlage für sein berühmtes Gedicht „Von guten Mächten wunderbar geborgen".

Von allen Seiten sind wir umgeben durch gute Mächte, letztlich ein Bild für Gott selbst. Dahinter steht die Vorstellung, dass Gott uns in dieser Welt umgibt wie die Mutter während der Schwangerschaft den Embryo. Der Embryo sieht die Mutter nicht, ist aber ganz und gar in ihr geborgen. So sehen wir Gott jetzt nicht, sind aber voll und ganz von ihm umgeben. Erst nach unserer zweiten Geburt, dem Tod, sehen wir ihn von „Angesicht zu Angesicht", wie eine Mutter, wie einen Vater.

„Wandelt euch durch ein neues Denken.“
(Röm 12,2)

Gott wohnt am Berliner Ring

Eigentlich war es nur ein Routinebesuch in dieser Wohnung im vierten Stock eines Reihenhauses am Berliner Ring. Dort wohnte eine Familie, die ihr Kind zur Taufe angemeldet hatte. Wir plauderten über das Wetter, über das Leben und darüber, welche Veränderungen ein Neugeborenes in das Leben einer Familie bringt. Schließlich kamen wir zur Sache, und ich nahm die Personalien auf. Plötzlich entwickelte sich das Gespräch sehr schleppend, als ich nach der Religion oder der Konfession der Eltern und Paten fragte. Etwas zögerlich teilten die Eltern mit, dass sie vor einigen Jahren aus der Kirche ausgetreten und beide Paten religions- und konfessionslos waren.

Nach christlichem Verständnis und dem katholischen Kirchenrecht ist Taufe Eingliederung in die Kirche. Das setzt voraus, dass Eltern oder Paten in der Lage sind, das Kind in den Glauben einzuführen. Darum sagte ich zu den Eltern: „Ich kann Ihr Kind nicht taufen, weil die christliche Erziehung nicht gewährleistet ist.“ Ich packte meine Unterlagen wieder in die Tasche, stand auf und wollte gehen. Da brach die Mutter in Tränen aus, schlug mit der Hand auf die Tischkante und sagte: „Dieses Kind wird getauft. Wenn Sie es nicht tun, macht es ein anderer, und wenn ich dafür bis zum Nordpol laufe." Ich war geschockt, setzte mich wieder hin und fragte die Mutter: „Warum ist Ihnen die Taufe so wichtig?" Da erzählte sie von der Schwangerschaft, die in manchen Phasen so schwer war, dass sie um die eigene und um die Gesundheit des Kindes fürchten musste. Am Ende sagte sie. „Und dass wir jetzt hier sind und leben, das Kind und ich, da muss doch einer von oben die Hände mit im Spiel gehabt haben."

Ich war beeindruckt und dachte: Dieser Frau hat sich der Himmel geöffnet. Sie hat eine religiöse Erfahrung gemacht und erkannt: Unser Leben hängt nicht nur von menschlichen Bedingungen ab, sondern von einer Instanz, die größer ist, als ich mir das überhaupt denken kann. Taufe bedeutete für diese Frau: „Ich will mein Kind und meine Familie in den Raum dieses größeren Lebens stellen, in den Raum Gottes, um eine endgültige Lebenssicherheit zu haben. Ich will wissen, dass noch jemand da ist und für mein Kind sorgt, wenn mir oder ihm etwas passieren sollte und ich es nicht mehr kann."

Da habe ich gedacht: Diese Sicherheit muss ich der Frau geben. Dieses Kind muss ich taufen. Und wenn das formalrechtlich nicht stimmt, dann sollen sie das im Himmel regeln.

In der Pandemiezeit des Jahres 2020 scheint mir bei vielen Menschen die Sehnsucht nach einer absoluten Lebenssicherheit neu aufzubrechen.

Offensichtlich stellt sich so etwas wie eine allgemeine Verunsicherung ein. Nicht nur Covid-19-

Patienten haben Fieber. Die Erde selbst hat Fieber, und ihre Krankheit ist der Mensch. Leben ist endlich. Der Planet ist endlich. Über solche Sätze hat man im grenzenlosen Fortschrittsglauben des beginnenden 20. Jahrhunderts noch gelacht.

Inzwischen ist uns das Lachen gründlich vergangen.

Treibhausgase, CO_2-Emissionen, Atomwaffen, nukleare Verseuchung ganzer Landstriche, Abholzung der tropischen Regenwälder, Vernichtung auch europäischer Wälder durch anhaltende Dürreperioden, Abschmelzen der Gletscher, Massensterben von Fauna und Flora! Das sind tägliche Schlagzeilen, Drohbotschaften, die mich fast erdrücken.

Ich ahne, dass sich mein Denken wandeln muss. Denn ich stehe vor der Frage: Auf welche Sicherheiten baue ich mein Leben auf? „Wer von euch kann schon mit all seiner Sorge, mit all seinem Besitz, sein Leben auch nur um einen Tag verlängern?“ (Lk 12,25), so heißt es in der Bibel.

Einige Male habe ich im afrikanischen Ghana Partnerprojekte besucht und stellte ein ganz anderes Denken der Menschen fest, eines, das nicht auf materielle Sicherheiten aufbauen konnte. Im Westen Afrikas gibt es für die Menschen nicht einmal soziale Sicherungssysteme. Wird einer ernstlich krank, dann ist er praktisch zum Tod verurteilt, weil keine Krankenkasse eine Therapie finanziert. Darum erfahren die Menschen: Letzte Sicherheit gibt mir die Erde nicht, sondern eine übernatürliche Instanz des Lebens.

Die Frau, die so dringend ihr Baby taufen lassen wollte, hatte das nicht im afrikanischen Busch erfahren, sondern an einer belebten Straße ihrer deutschen Stadt am Berliner Ring.

Die Lebensverunsicherung am Beginn der zwanziger Jahre des 21. Jahrhunderts führt auch mich zwangsweise zu einem neuen Denken. Gott ist vielleicht auch bei mir zu Hause. Ich spüre, dass ich in meinem Leben abhängig bin von der Natur, von anderen Menschen und vom übernatürlichen Schöpfer des Lebens. Nur gemeinsam kommen wir in den Himmel, sagt ein russisches Sprichwort. Nur gemeinsam werden wir die Welt verändern und die Zukunft gestalten können. Es wächst das Lebensgefühl, dass die Menschheit auf einen Punkt zustreben muss, der alles miteinander vereint.

Wenn Gott tatsächlich bei mir wohnt, dann muss ich nicht warten, bis andere anfangen, diesen Punkt zu suchen, die Potentaten in China, Russland oder die neue Regierung in Amerika. Wer eines Kindes Leben rettet, der rettet die ganze Welt, so heißt es im jüdischen Talmud. Kein Schritt ist vergebens, auch der kleinste nicht. Heute mit Menschen in Armut zu teilen und Straßenkindern das Leben zu retten, heute den Insekten, Tieren, den Pflanzen Lebensrecht im Kleinen zu geben, ohne Plastik einzukaufen, den Nachbarn freundlich anschauen und ihm zuhören wollen, kann ein Stück der Welt verändern.

Bei der Frau am Berliner Ring habe ich wieder gelernt zu staunen, erfahren, dass auch das kleinste

Lebewesen meine Bewunderung hervorrufen kann. Staunen zu können über die Wunder des Lebens, ist der erste Schritt, das Denken zu ändern und eine absolute Sicherheit zu finden.

In seinen Gedanken über die „Ehrfurcht vor dem Leben" als einen notwendigen Schritt der zivilisierten Menschheit, sagt Albert Schweitzer, dass wir die Lebensprozesse wohl analysieren, aber keine wissenschaftlichen Aussagen über den Grund des Lebens machen können. Wir wüssten, wie sich das Licht bricht, aber das Licht selbst bleibe ein Wunder. Diesen Gedanken haben wir bei der Taufe des Kindes wie folgt erweitert:

„Wir wissen, wie sich das Licht bricht,
aber das Licht bleibt ein Wunder.
Wir wissen, wie die Pflanze wächst,
aber die Pflanze bleibt ein Wunder.
Wir wissen, wie der Mensch entsteht,
aber der Mensch bleibt ein Wunder.
Wir besitzen viele Kenntnisse,
aber die Schöpfung bleibt ein Wunder."

„Hinter jeder geballten Faust
verbirgt sich eine wimmernde Seele."

Kellerbewohner der Seele

Im Nostalgiefernsehen sah ich einen uralten Sketch aus der Zeit vor dem Zweiten Weltkrieg, mit dem Münchener Urgestein der Komik, Karl Valentin, und seiner Bühnenpartnerin Liesl Karlstadt. Auf dem Höhepunkt des Sketches sagt Liesl im energischen Ton: „Karl, geh in dich!" Darauf antwortet er: „Da war ich schon, ist auch nicht viel los."

Ist es ein Risiko, in sich zu gehen, also in sein inneres Selbst. Was könnten wir da entdecken? Vielleicht ist da viel mehr los, als Karl je vermutet hat. Im Sprachgebrauch sagen wir ja manchmal: Sieben Teufel rumoren in meinem Leib. Da ist richtig was los.

Tief in unserem Herzen gibt es jede Menge Kellerbewohner, die polizeilich nicht gemeldet sind: Neid, Verleumdung, Wut, Arroganz, Eifersucht, Hass, Lüge, Ärger oder Sucht sind nur einige von ihnen. Die Liste ließe sich beliebig verlängern.

Wenn Kontakte auf ein Minimum beschränkt werden, wie während der Pandemie oft notwendig, dann treiben die Kellerbewohner so richtig ihr Unwesen. Konflikte und Streit eskalieren, Menschen fühlen sich leer und angespannt. Von solchen Zuständen ist immer wieder zu hören.

Diese Kellerbewohner melden sich meist zu den unpassendsten Gelegenheiten zu Wort, bereiten uns Scherereien oder bringen uns sogar in Beziehungsnöte zu anderen Menschen. Seit den Tagen unserer ersten Kinderbeichte zerbrechen wir uns den Kopf, wie man diese unliebsamen Untermieter austreiben kann. Wir haben gelernt, ihnen mit moralischen Appellen zu begegnen: „Du darfst nicht; Du sollst nicht; Halte diese oder jene Gebote …" Im katholischen Glauben kennt man das: Man ist als Kind zur Beichte gegangen und hat sich ganz fest vorgenommen, nicht mehr zu lügen, zu streiten, über andere herzuziehen. Aber die besten Vorsätze waren meist nur von kurzer Dauer.

Warum sind diese Versuche so erfolglos? Weil der Verstand nicht ausmerzen kann, was das Herz nicht hergeben will. Auch die Kellerbewohner sind Teile unserer Seele. Beim geringsten Versuch, sie zu vernichten, beginnen sie zu kämpfen. Will man z.B. die Wut abschaffen, dann wird sie erst richtig wütend. Darum bereitet uns diese moralische Vorgehensweise nur Kopfzerbrechen.

Wir sollten lieber in die Schule des Mannes aus Nazareth gehen, der uns auffordert: Bevor ihr den Kellerbewohnern, also den Dämonen, begegnet, sagt euch: „Der Himmel ist euch nahe." (Mk 1,14) Das heißt, mit all den Kellerbewohnern, den Dämonen, den physischen und seelischen Krankheiten meines Lebens kann ich am Ende nur klarkommen, wenn ich das glaube: Der Himmel, also Gott war schon vor den

Kellerbewohnern da. In mir gibt es nicht nur Dämonen, in mir lebt auch Gott. Ich muss meine Kellerbewohner nicht abschaffen, ich darf z.B. wütend und neidisch sein, aber ich darf sie in die Sonne Gottes halten, in die Sonne der Vergebung.

Der Gott Jesu ist der Gott, der stattfindet, hier und heute, jetzt an diesem Tag und wohl auch an dem Tag, da ich sterbe. „Sorgt euch zunächst darum, dass Gott zwischen euch und in euch stattfindet, und alles andere kommt von selbst" (vgl. Mt 6,33), sagt Jesus an anderer Stelle.

Wie spüren wir, dass Gott zwischen uns ist, auch zwischen unseren Kellerbewohnern? Ich denke, Jesus könnte antworten:

Ihr spürt es, indem ihr aus euren Armen eine Höhle bildet, in die Menschen sich bergen können,

aus euren Blicken ein Netz knüpft, in das Menschen sich fallen lassen können,

mit euren Füßen einen Weg geht, auf dem ihr Menschen zu sich selbst und nach Hause führen könnt,

mit euren Worten eine Heimat verkündet, in der Menschen sich verstanden fühlen.

Vor einiger Zeit hatte ich einen Einkehrtag mit Mitarbeitern einer Einrichtung, die mit Jugendlichen arbeitet, die aus der Bahn geworfen sind. Viele dieser jungen Leute sind gewalttätig und kriminell. Da sagte eine Mitarbeiterin: „Bei meinen Jugendlichen verbirgt sich hinter jeder geballten Faust ein wimmerndes Herz. Oft von ihren Eltern selbst geschlagen, schlagen sie andere, selbst geprügelt, prügeln sie Schwächere. Die verletzte Seele verwandelt sich in Aggression.“ In dieser Einrichtung der Jugendhilfe gibt es nur einen sinnvollen pädagogischen Weg, und der heißt „Von der **Be**-ziehung in die **Er**-ziehung.“ Zuerst das Herz, dann der Kopf.

Wenn die Erzieher mit den Jugendlichen einzeln sprechen und sich für ihre Lebensgeschichten interessieren, öffnen sie ihr Herz. Wir fragten uns bei diesem Einkehrtag: „Wo wohnt denn Gott in einer solchen Einrichtung der Jugendhilfe?“ Nirgendwo anders als in den Herzen der Erzieher, die diesen jungen Menschen vermitteln: „Auch du bist wertvoll. Trotz deiner chaotischen Lebensgeschichte, trotz der finsteren Kellerbewohner deiner Seele, die du oft so wenig im Griff hast, bist du wertvoll, bist du Ebenbild Gottes.“

Wie also kann ich den Kellerbewohnern meiner Seele begegnen? Vielleicht, indem ich mir weniger den Kopf zerbreche, mich ständig frage, was ich tun soll und viel eher meinen Gefühlen freien Lauf lasse.

Dann kommen die Kellerbewohner ans Licht, weil sie leben dürfen und nicht beständig fürchten müssen, vernichtet zu werden. Der erwachsene Mensch kann sich sagen: Die Kellerbewohner gehören zu mir. Das bin ich auch. Ja, ich kann z.B. neidisch sein bis zum Gelbwerden. Aber ich stampfe diese Eigenschaft nicht mit aller psychischen Kraft zu Boden, sondern halte sie in das Licht Gottes und sage: „Vergib du mir, was ich mir manchmal selbst nicht vergeben kann.“

Ihr Kellerbewohner
meiner Seele,
in welchem Untergeschoss
des Lebens, des Herzens habt
ihr euch verborgen?
Mein Verstand will euch
nicht kennen, lieber verdrängen,
will, dass ihr Ruhe gebt.
Aber diesen Gefallen
tut ihr ihm nicht,
kommt zuweilen wie eine Furie
die Wendeltreppe meiner Angst
hinauf und benebelt meinen Kopf.
Plötzlich bin ich ein
anderer Mensch,
nicht mehr kontrolliert,
eher in Emphase explosiv.
Versöhnt euch,
Herz und Kopf,
Vernunft und Gefühl.
Seid euch einig,
denn nur in Einigkeit
mit euch beiden
kann ich leben.

„Mit der Palliativmedizin kommen wir Ärzte
zu unseren Wurzeln zurück,
zu der Tradition zu trösten und zu lindern.“
A. Lübbe

Selbstbestimmter Tod?

Wem gehört mein Tod? Über diese Frage gab es in der Fernsehsendung „Hart aber fair“ am 23. November 2020 eine spontane Online-Zuschauerbefragung. 71% der Befragten antworteten: Mein Tod gehört mir, und ich kann über den Zeitpunkt meines Todes selbst entscheiden. 29% entschieden sich dagegen.

Vorausgegangen war der Sendung das Theaterstück GOTT von Ferdinand v. Schirach. Darin will ein alter Mann von 78 Jahren nicht mehr weiterleben, nachdem er seine Frau verloren hat. Er verlangt nach einem Medikament, das ihn tötet. Eine Ethikkommission, bestehend aus einem Mediziner, Juristen, Bischof und einer Ethikerin diskutiert den Fall.

In unserem Land hat man im Februar 2020 das Strafrecht (§217) geändert. Geschäftsmäßige Beihilfe zum Suizid steht nicht mehr unter Strafe. Danach hat jeder ein Recht auf selbstbestimmtes Sterben, das Recht, sich das Leben zu nehmen. Er hat auch das Recht, dazu bei Dritten um Hilfe zu ersuchen. Anderen Umfragen zufolge sind 81 Prozent der Deutschen für aktive Sterbehilfe und der Meinung, Ärzte sollten schwerkranken Patienten beim Suizid beistehen.

Welche Bedeutung haben die Entscheidung des Bundesverfassungsgerichts und diese Mehrheitshaltung für eine religiöse Begleitung von Menschen, die den selbstbestimmten Tod wählen?

In einem meiner Seminare erzählte eine Teilnehmerin von einer Freundin in der Schweiz, die so leidend und krank war, dass sie die Schmerzen nicht mehr aushalten konnte. Von den zuständigen medizinischen und ethischen Kommissionen hatte sie die Einwilligung zur aktiven Sterbehilfe bekommen. Weil die Frau sehr religiös war und auch an ein Weiterleben nach dem Tod glaubte, bat sie unsere Seminarteilnehmerin, sie im Sterbeprozess spirituell zu begleiten. Die Sterbeorganisation Dignitas hatte die Rahmenbedingungen für den freiwilligen Tod geschaffen. Als der Tag des Sterbens gekommen war, löste die sterbewillige Person selbst die Infusion mit dem todbringenden Medikament aus. Die Freundin saß am Bett und sprach Gebete, sang und summte religiöse Lieder, schwieg und hielt die Hand solange, bis die Patientin ruhig eingeschlafen war. Sie war von dem gesamten Prozess sehr berührt und sprach von einem unfassbaren Geheimnis. Es sei für sie kein Weggang (Exitus) gewesen, sondern ein Übergang (Transitus) in eine andere Existenzweise.

Als Seelsorger stelle ich mir die Frage: „Was täte ich, wenn mir jemand eine ähnliche Bitte entgegenbrächte oder ich in einem Sterbezimmer dabei wäre, wenn ein Arzt einem Patienten das todbringende Medikament ermöglicht?"

Zunächst suche ich eine Antwort in einem Schreiben der Glaubenskongregation des Vatikans in Rom vom 14. Juli 2020. Dort wird die traditionelle katholische Haltung betont, dass sowohl das Leben als auch der Tod Gott gehören, und jede Beihilfe zur Selbsttötung ein Verstoß gegen das göttliche Recht und damit schwere Sünde ist.

Wörtlich heißt es da: „Es ist seitens derer, die diese Kranken spirituell begleiten, keine Geste zulässig, die als Zustimmung zur Handlung der Euthanasie interpretiert werden könnte, wie zum Beispiel zum Zeitpunkt ihrer Durchführung anwesend zu bleiben. Diese Anwesenheit kann nur als Mitwirkung interpretiert werden …“ (Samaritanus bonus S. 26)

Das bedeutet also, von diesen Richtlinien her dürfte ich der Bitte nach Begleitung im selbstbestimmten Sterbeprozess nicht entsprechen, bzw. ich müsste den Raum verlassen.

Als Seelsorger bringt mich das in einen echten Konflikt. Natürlich glaube ich auch, dass mein Tod nicht mir, sondern Gott gehört und darum nicht planbar ist. Was soll ich tun, wenn ich in einem solchen Fall konkret um Seelsorge gebeten werde? Soll ich hoffen, dass eine solche Entscheidung nie auf mich zukommt? Das wäre doch eine restriktive nahezu feige Haltung. Ich kann doch nicht mein Herz verriegeln und wegschauen, wo hinzuschauen ist. Für mich kann ich nur sagen, ich müsste im konkreten Fall mein Gewissen befragen, die innere Stimme Jesu in meinem Herzen. Und dann bin ich mit Papst

Franziskus der Meinung, dass im Neuen Testament Barmherzigkeit über alles geht. In seinem apostolischen Schreiben von 2015 „Barmherzigkeit will ich" nennt Franziskus den Begriff 140-mal. Er bezieht sich deutlich auf den Satz „Barmherzigkeit triumphiert über das Gericht" (Jak 2,13) und auf das Wort Jesu: „Barmherzigkeit will ich, nicht Opfer" (Mt 9.13). Ich könnte mir denken, dass in der konkreten Situation für mich dann immer die Frage ausschlaggebend wäre: Was ist in dieser oder jener Situation barmherzig?

Allerdings ist es in der derzeitigen heiklen Gesetzeslage unendlich wichtig, als Kirche und als Christen in den Diskurs über den selbstbestimmten Tod mutig einzutreten und alles zu tun, damit in diesem Land die palliative Versorgung und die Begleitung durch stationäre Hospize und ambulante Hospizdienste flächendeckend ausgedehnt wird, damit aktive Sterbehilfe nicht nötig ist. Führende Palliativmediziner sind der Meinung, dass eine gute palliative Begleitung den Menschen die Angst vor übergroße Schmerzen und Würdelosigkeit im Sterbeprozess nehmen kann. Man könne die Medikamente so dosieren, dass man die Schmerzen nimmt, aber den Schlafzustand auch wieder beenden könne, sobald Entspannung eintrete. (vgl. A. Lübbe, Bonifatius Verlag 2019, S. 269/270) „Mit der Palliativmedizin kommen wir Ärzte zu unseren Wurzeln zurück, zu der Tradition zu trösten, zu lindern, dem Patienten beizustehen und mit ihm und seinen Angehörigen das Unabwendbare auszuhalten." (Lübbe a.a.O. S. 186) Dieselben Ziele vertritt die christliche Seelsorge und geht einen Schritt weiter, indem sie die Hoffnung auf ein Leben danach, also über die konkrete Situation des Todes hinaus eröffnet.

Nach christlichem Glauben leben und sterben Menschen immer in Beziehung. Sie leben auf ein DU hin, sie sterben auf ein Du hin. Christliche Seelsorge nimmt sterbende Menschen und deren Angehörige an die Hand, geht mit ihnen in den Tunnel und gibt sie ab an eine Dimension des Lebens, die nur in Bildern zu beschreiben ist: an Licht, an eine Person mit offenen Armen, an Weite, Wärme, Horizont, was auch immer einem Menschen am anderen Ende des Tunnels entgegenkommt.

Die Ergänzung von gelingender Palliativmedizin und Spiritualität kann aktive Sterbehilfe überflüssig machen.

Im Februar 2020 habe ich das Sterben eines Freundes miterlebt, der ALS hatte. Mit der Zeit wurde alles weniger. Irgendwann konnte er nicht mehr sprechen, kaum noch schlucken und atmen, bis am Ende die künstliche Medizin alle Funktionen übernehmen musste. Da war auch in unaushaltbaren Nöten der Ruf: Gebt mir das todbringende Medikament. Aber da war auch die herzliche Nähe des Pflegepersonals auf der Palliativstation, die Zuwendung der Angehörigen, die gut dosierte Palliativmedizin, und da waren unsere Gebete. Zuletzt ist er friedlich eingeschlafen. Für mich war das kein Exitus, kein Weggang, das war ein Übergang in eine andere Dimension des Lebens hinein, an die er Zeit seines Lebens geglaubt hatte.

„Ich weiß nicht, ob der Himmel niederkniet,
wenn ich zu schwach bin,
um zu ihm hinaufzukommen."
Christine Lavant

Der Himmel kommt herunter

Corona-Tage im November

Grau in Grau die Welt,
die Wolken hängen tief hernieder,
wie eine Trauerweide lebensschwer
ziehen sie auch meine Stimmung nieder,
legen sich wie Mehltau
auf die ausgezehrte Seele,
wecken Erinnerung an längst Verlorene,
liebe Menschen,
die aus dem Leben schieden -
loslassen kann ich sie nicht,
vergessen will ich sie nicht -
verloren auch die Pläne, Ideale,
die vielen unerfüllten,
Sehnsüchte, die ohne Antwort blieben,
heruntergekommen mein ganzes Leben?

Doch der Himmel
kommt herab auch mir zuliebe.
Kniet sich zu mir hernieder,
hüllt mich ein mit seiner Zuversicht,

zeigt mir einen kleinen Stern
hinter schwarzen Wolken,
ein Fünkchen Hoffnung in der Dunkelheit,
damit mein Herz nicht bleischwer
an der Erde klebt
und sich erhebt in neue Lebensräume.

Kennen sie diese Stimmung, die uns nicht nur in den Novembertagen und den einsamen Momenten der „coronarischen“ Zeit erfassen kann, diese Zeiten von Melancholie, Traurigkeit, Unlust und Erstarrung? Da uns die Verluste, die Misserfolge und Niederlagen des Lebens schwer auf der Seele liegen, da alles zu scheitern droht? Es mag sogar Tage geben, da das Leben so sinnlos scheint, dass wir es am liebsten wegwerfen möchten. Die christliche Botschaft ist der Überzeugung, dass sich gerade in solchen Lebensperioden der Himmel am ehesten öffnen kann. Denn sie zeigt uns einen Gott, der heruntergekommen ist zu heruntergekommenen Menschen. Er kam nicht herab bei den Royals, der High Society, zog nicht ein in den Königspalast des Herodes. Mensch wurde Gott bei den Ausgegrenzten am Rande der Stadt, die gerade noch gut genug waren, die Schweine und die Schafe der reichen Bauern zu hüten. Denn damals galt in Palästina der Grundsatz: „Wer nichts wird, wird Hirt.“ Diesen Menschen zeigte sich ein Stern, ein Fünkchen Hoffnung im grauen Alltag nicht nur von Betlehem.

Passiert das auch heute?

Als ich noch Pfarrer in einer Stadt war, stand eines späten Samstagsabends ein junger Mann von nicht einmal dreißig Jahren vor meiner Haustür, völlig verschmutzt und mit zerrissener Kleidung. Er sagte: „Seit Monaten lebe ich auf der Straße, schlafe unter Brücken. Ich fühle mich nicht mehr als Mensch. Kann ich bei Ihnen duschen?"

Nachdem ich ihm saubere Sachen gegeben hatte, erzählte er mir, wie er auf der Straße gelandet war. Zwei Mal war er durchs Examen gefallen. Das brachte sein Selbstwertgefühl ins Wanken. Dann verließ ihn seine Freundin. Ein Selbstmordversuch. Schließlich wurde die Sehnsucht zur Sucht, weil kein Sinn mehr im Leben zu entdecken war.

Ich spürte: Gott wollte herunterkommen an diesem Samstagabend zu diesem heruntergekommenen Menschen, herunterkommen durch mich. Sonst stände er nicht vor meiner Haustür. So hörte ich ihm zu im nächtlichen Gespräch. Es ging darum, dass dieser Mensch, der sich als der letzte Dreck fühlte, eine Idee davon bekam, dass in all seinem Schmutz immer noch ein kleiner Schatz, ein Fünkchen Hoffnung verborgen liegt. Gott wollte ihm durch mich sagen: Trotz allem bist Du jemand, ein Mensch mit Wert. Du bist es, weil Gott auch zu Dir herunterkam, in Dir Mensch wurde.

Mich erinnerte das an eine Rede des 1968 ermordeten farbigen Bürgerrechtskämpfers Martin

Luther King, die unter dem Titel „But I am somebody“ in die Geschichte eingegangen ist. Er hielt sie vor tausenden von farbigen Müllarbeitern und Arbeitslosen. Sinngemäß wollte er diesen Menschen vermitteln:

Es mag sein, dass sie dich kleingemacht haben, auf dein Leben spuckten, dich immer nur Nigger oder Bastard nannten, aber sei dir bewusst: Du bist jemand, weil du Ebenbild Gottes bist und bleibst.

Für M. L. King ist Gott wie ein Therapeut, der in jedem Menschen ein Himmelslicht entzündet, liebevoll ein Stück von sich in ihn hineinlegt. Das ist das Geheimnis von Gott, der heruntergekommen ist zu heruntergekommenen Menschen, das Geheimnis der Menschwerdung Gottes in Jesus.

Vielleicht regt uns dieses Mysterium an zu folgender Übung:

Wenn du dich freudlos fühlst, allein, verlassen, innerlich leer oder sogar mit mit deinem Leben auf den Hund gekommen bist, obwohl es äußerlich scheinbar in geordneten Bahnen verläuft, dann gönne deiner Seele Zeit, vielleicht für eine halbe Stunde. Suche einen ruhigen Raum, zu Hause, in einer Kirche oder der Natur. Zünde eine Kerze an, werde still, atme regelmäßig und tief durch, richte deinen Blick nach innen und wiederhole ohne Worte immer wieder diesen Satz: „Aber ich bin jemand!“ Vielleicht ist es auch ein anderer Satz, der dir sagen kann: Gott ist auch zu mir heruntergekommen.

Leben in Verbundenheit

„Freunde sind wie Laternen,
sie machen den Weg nicht kürzer, aber heller."
Afrikanisches Sprichwort

Freunde sind Laternen

„Einen Menschen lieben heißt ihm zu sagen: Du wirst nicht sterben." So lautet ein oft zitierter Satz des französischen Philosophen Gabriel Marcel. Hätten wir uns das nicht alle gewünscht in diesen Monaten der Coronazeit, dass da einer gekommen wäre und uns versprochen hätte: „Du wirst nicht sterben." Oder vorher noch: „Du wirst nicht krank. Du musst nicht auf die Intensivstation und beatmet werden." Aber so sicher kann das eben keiner sagen.

Stattdessen waren und sind wir umgeben vom ständigen Wust von Pandemie-Nachrichten, von Angst und Panik vor einem Virus, das keiner sieht, und das doch überall lauern kann. Ungefähr 5000-mal am Tag atmet jeder Mensch. Und ich habe es immer selbstverständlich getan, ohne darüber nachzudenken, ohne dafür dankbar zu sein. Und jetzt besteht plötzlich die Möglichkeit, ein gefährliches Virus einzuatmen? Deshalb müssen wir Abstand halten. Es geht nicht anders. Niemand darf mich mehr berühren, geschweige denn umarmen oder küssen, mich anhauchen wie einst Jesus im Evangelium die Jünger, wo es heißt: „Und er hauchte sie an, nicht ein Mal, sondern zwei Mal, und sagte: Shalom, Friede sei mit euch. Empfanget den Heiligen Geist." (Joh 20,21) Er haucht ihnen also den Frieden regelrecht ein.

Körperlich kann ich in diesen Zeiten von Corona den Hauch des Friedens, des „Nicht-Sterbens", nicht erfahren, aber spüren kann ich ihn in meiner Seele.

So ist mir der Satz „Du wirst nicht sterben" einmal sehr nahe und zu einer bleibenden Lebenserfahrung geworden durch einen Menschen, der es gut mit mir meinte. Das zeigt folgende Geschichte.

Ich hielt mich mit einer Gruppe von Menschen während einer Studienreise in Kumasi auf, einer Stadt in Ghana an der westafrikanischen Küste. Weil dieses Land nahe am Äquator liegt, geht dort die Sonne immer zur gleichen Zeit morgens um 6.00 Uhr auf und um 18.00 Uhr abends unter. Das geschieht ziemlich plötzlich, als wenn einer den Lichtschalter ein- oder ausschaltet. Eines Abends war ich allein unterwegs und suchte nach einem Platz, an dem wir am nächsten Morgen Gottesdienst feiern konnten. Plötzlich ging die Sonne unter und es war stockdunkel. Straßenlaternen gab es nicht. Die Hautfarbe der Menschen an der Westküste ist tiefschwarz. Im Dunkeln kamen mir ständig Menschen entgegen. Ich erkannte sie nicht, höchstens an der weißen Farbe in den Augen. Oft stieß ich mit Passanten zusammen. In mir stieg die Angst und wurde langsam zur Panik. Was ist, wenn dir plötzlich einer ein Messer in den Rücken rammt, um dich auszurauben.

Das Gegenteil geschah. Eine Hand berührte mich sanft und eine ruhige Frauenstimme sagte: „Take my hand, I lead you home." Die Frau wusste, wo in Kumasi das Quartier für ausländische Gäste war. Sie führte mich sicher hin. Diese Frau wurde für mich zur Laterne, zu einer Freundin für ca. eine halbe Stunde meines Lebens. Aber ich werde sie nie vergessen. Sie hatte mich nicht sterben lassen. Sie hatte mich gerettet. Ihre Stimme klingt heute noch in meinen Ohren nach. Ihr Licht leuchtet noch immer in meinem Leben.

Ich finde es unerträglich, wenn ich manchmal einen Menschen über einen anderen sagen höre: „Der oder die ist für mich gestorben."

Wir Menschen sind Beziehungsmenschen. Schon am Anfang der Bibel heißt es: „Es ist nicht gut, dass der Mensch allein sei." (Gen 2,18) Und schon der griechische Philosoph Aristoteles war der Meinung, das Glück des Menschen sei ein Leben in Verflochtenheit. Glück in der antiken griechischen Sprache heißt „eudaimonia". Wörtlich übersetzt bedeutet dieser Begriff „mit einem guten Geist verbunden". Glücklich sind wir Menschen also dann zu nennen, wenn wir es gut mit uns und mit anderen meinen, wenn wir also im guten Geist miteinander verbunden bleiben.

Wer also Beziehungen auf Grund welcher Verletzungen auch immer abbricht, tötet einen guten Geist in sich und im anderen Menschen.

Für einen solchen Menschen ist der ehemalige Freund lebend tot. Da braucht man später nicht mehr zur Beerdigung zu gehen.

Eine Theologin nennt das den furchtbaren Tod am Brot allein, wenn man nur noch auf materiellen Gewinn setzt, Freundschaften nicht pflegt und Konflikte nicht mehr ehrlich austrägt. Ein solches Leben misstraut den Menschen, wird vergessen und am Ende nicht mehr angelächelt oder beweint.

Dagegen ist nach Aristoteles Freundschaft eine Seele in zwei Körpern.

Wenn also eine Beziehung bricht, zerbricht etwas in der eigenen Seele. Um das zu vermeiden, ist es wichtig, dass man ehrlich miteinander umgeht, sich mitteilt, was einem am anderen gefällt und manchmal auch missfällt. Es ist normal, dass es zwischen Freunden auch zu Streit, Missverständnissen und Verletzungen kommt. In jeder Beziehung gibt es Licht und Schatten. Gefährlich aber ist wortloses Schweigen „um des lieben Friedens willen“. Wenn man also auch die Schattenseiten nicht vorwurfsvoll, sondern liebevoll anspricht, dann stellt man sie ins Licht.

So oder so, durch Lob oder Kritik, geht es immer darum, einem anderen mitzuteilen, wie wichtig er für einen selber ist.

Denn wie sagt der Priester Petrus Ceelen in diesem Gedicht:

Manche Menschen wissen nicht,
wie wichtig es ist, dass sie einfach da sind.
Manche Menschen wissen nicht,
wie gut es tut, sie nur zu sehen.
Manche Menschen wissen nicht,
wie tröstlich ihr gütiges Lächeln wirkt.
Manche Menschen wissen nicht,
wie wohltuend ihre Nähe ist.
Manche Menschen wissen nicht,
wie viel ärmer wir ohne sie wären.
Manche Menschen wissen nicht,
dass sie ein Geschenk des Himmels sind.
Sie wüssten es, würden wir es ihnen sagen.

„Wir alle sind Geschwister, auf der ganzen Welt."
Papst Franziskus

Mensch, wo bist Du?

„Aber, Papa, ich dachte, wir sind alle Menschen." So antwortete der 13-jährige Arno Gruen seinem Vater, der ihm 1936 in Berlin erklären musste, dass Juden in deutschen Schulen, Schwimmbädern, Turnhallen etc. nicht mehr erwünscht waren. So erzählte Gruen in einem Interview viele Jahre später. Seine Erklärung lautete:

„Weil viele Menschen den Zugang zu ihren Gefühlen verloren hatten, hielten sie Menschlichkeit für Schwäche und begannen sie in anderen Menschen zu hassen, zu bekämpfen, sogar zu töten." Er wurde ein in aller Welt anerkannte Psychotherapeut. Die unmenschlichen Ausgrenzungen im nationalsozialistischen Deutschland, die am Ende zu unvorstellbaren Grausamkeiten und zum Vernichtungswahn führten, zeugen von der dunkelsten Zeit deutscher Geschichte, da Menschen nicht mehr Menschen waren, sondern Teile von Rassen und Klassen und als solche auch als Untermenschen bezeichnet wurden.

Im vierten Jahrhundert vor Christus pflegte der Philosoph Diogenes über den Markt von Athen zu gehen, den Menschen in die Augen zu leuchten und zu sagen: Ich suche Menschen. Man nannte diese Philosophen die Kyniker, von Kyon, der Hund. Sie lebten die Selbstgenügsamkeit wie die Hunde auf der Straße. Diogenes lebte in einer Tonne. Als Alexander der Große ihn einmal besuchte und ihn fragte, was er von ihm wünsche, da antwortete Diogenes: „Geh mir aus der Sonne." Was braucht der Mensch mehr als Sonne im Leben, die Wärme, die Zuwendung, das Licht, das auch die Seele erleuchtet? Lass deine Gefühle sprechen.

Die Zeit der Pandemie, die so manche Aktivitäten, Treffen, Feiern verbietet, die das Leben heller und schöner machen können, gibt mir auch Gelegenheit zu fragen: Was macht das Menschsein eigentlich aus? Wo sind Menschen wirklich Menschen, lassen sie ihre Gefühle sprechen?

Als Papst Franziskus im Mai 2014 die Gedenkstätte für die Shoah Yad Vashem in Jerusalem besuchte, da gab er zu bedenken, angesichts der Gräuel in den Konzentrationslagern stelle sich nicht die Frage, wo Gott da gewesen sei, sondern: Wo war der Mensch? Und er erinnerte an den großen Sündenfall am Anfang der Bibel, als Adam sich versteckt hatte. „Adam [zu Deutsch: Mensch], wo bist du?" lautete Gottes Ruf durchs Paradies. Ohne den Menschen kann Gott nichts in dieser Welt bewirken. Darum schallt sein Schrei bis heute durch unsere Welt: „Mensch, wo bist du?"

Ich hörte ihn z. B. in einem Film über den Erzbischof von San Salvador, der im März 1980 auf Befehl der Militärjunta bei der Messe hinter dem Altar erschossen worden war. Zwei Jahre zuvor hatte man ihn schon einmal verhaftet und eingekerkert. Im Gefängnis hörte er Tag und Nacht die Schreie seiner gequälten Brüder und Schwestern in den benachbarten Folterkellern. Mit bloßen Händen trommelte er gegen seine Zellentür und rief immerzu: „Hört auf ... Wir sind doch alle Menschen, wir sind doch Menschen!“

Das Virus Covid 19 vermittelt mir auf seine sehr unangenehme Weise diese Botschaft: Wir sind doch alle Menschen. Es bedroht ausnahmslos alle Menschen, macht vor Niemandem Halt. Es stellt mir, der ich mich so lange abgesichert fühlte durch ein gutes Gesundheitssystem, die Leistungs- und Konsumgesellschaft, die Frage: Wo bist du Mensch? Wo kannst du dir selbst und den Menschen in deiner Nähe im Sinne von Diogenes etwas mehr Sonne, Gefühle von Mitmenschlichkeit, Sympathie und Solidarität zeigen? Darauf gibt es gerade in dieser schwierigen Zeit positive Antworten, wenn z. B. junge Menschen für Menschen aus der Risikogruppe sorgen, oder andere sich gegenseitig respektvoll aufmerksam machen auf die AHA-Regeln. Ich sehe Menschen, die über den eigenen Kirchturm hinausschauen, die Gleichwertigkeit von Menschen erkennen und beginnen mit den Ärmeren zu teilen.

Nicht erst die Pandemiezeit sollte uns die Einsicht vermitteln:

Es gibt nicht mehr Farbige und Weiße,
nur noch Menschen,
nicht mehr Juden, Muslime oder Christen,
nur Menschen,
nicht mehr Reiche und Arme,
nur Menschen,
nicht mehr Große und Kleine, Erfolgreiche und Erfolglose,
nur noch Menschen,
nicht mehr Schlaue und Dumme,
Einsame und Gemeinsame,
nur noch Menschen,
oder wie es der Papst in der Enzyklika von 2020
„Tutti fratelli" sagt:
Nur noch Geschwister, weltweit.

Dass Kinder solche Wahrheiten oft tiefer begreifen als Erwachsene, zeigt ein kleiner Film, den ich auf Youtube entdeckte:

Da sitzt ein Vierjähriger auf einer Mauer vor seinem Kindergarten. Es kommen zwei junge Männer vorbei und fragen ihn: „Na, gibt es bei euch im Kindergarten auch Ausländer?" „Nein", antwortet der Kleine, „nur Kinder!!"

„Die Zukunft gehört Gott und den Mutigen!“
Adolph Kolping

Mut macht Mut

Ein Aufschrei ging im Juni 2020 durch den Kreis Gütersloh, als bekannt wurde, dass in Deutschlands größtem Schlachtbetrieb, der Firma Tönnies in Rheda-Wiedenbrück, fast 2000 WerksvertragsarbeiterInnen aus Osteuropa mit dem Virus Covid 19 infiziert worden waren. Ins grelle Licht der Medien kamen unwürdige Wohn- und Arbeitsbedingungen in diesem Konzern, der allein in Deutschland jährlich mehr als 16 Millionen Schweine schlachtet – unter höchster Beanspruchung seiner ArbeiterInnen.

Manch einer fragte sich: „Haben denn die Menschen in der Stadt und im Umfeld des Betriebes nichts von diesen Missständen bemerkt?“

Doch haben sie. Mutige Frauen und Männer hatten schon vor Jahren die „Initiative Werks-Fair-Trags-ArbeiterInnen“ gegründet und sich durch ständige konkrete Hilfe um die Verbesserung der Lebensbedingungen der Arbeitenden bemüht, einfach um Fairness. Durch immer neue Verhandlungen mit der Betriebsleitung und durch Rechtsverfahren treten sie für die Rechte der MitbürgerInnen bis heute ein. Sie weisen auch in der Öffentlichkeit immer wieder darauf hin, dass manche Arbeitenden 50 Euro für eine Matratze pro Woche in einem schäbigen Zimmer zahlen und oft bis zu 12 Stunden am Tag für niedrigste Löhne härteste Arbeiten verrichten.

Einige Mitglieder der Initiative engagieren sich aber auch auf christlichen Hintergrund. In der Bibel lasen sie, dass Jesus ohne Menschen seine Ideale von Gerechtigkeit und Barmherzigkeit nicht verwirklichen kann. Und hatte nicht schon Adolph Kolping, der katholische Priester und mutige Promotor für die Arbeiterechte im 19. Jahrhundert gefordert, der Glaube finde nicht nur in den Betkammern statt, sondern auch in den Fabriken, und wer Mut zeige mache anderen Mut? Für Kolping war der Mensch nicht eine billige Arbeitskraft, sondern ein Ebenbild Gottes. Der Mensch ist für mehr geschaffen als für Geld und Kapital. Für Würde und Wertschätzung ist er geschaffen. Das war sein Grundsatz.

So ermutigt rief man z. B. am 1. Advent 2014 in Rheda-Wiedenbrück zu einer Sternenprozession von allen christlichen Kirchen der Stadt zur Fleischfabrik Tönnies auf. Hunderte folgten dem Aufruf.

Die Botschaft des Advent, die mit dem Ruf „Wacht auf" beginnt, wurde so konkret. Aufzuwachen und die ungerechten Verhältnisse in der unmittelbaren Nähe wahrzunehmen, achtsam zu sein und nicht länger wegzuschauen, das waren die Ziele. Die Teilnehmenden dieser Prozession, die zur Demo wurde, hatten in den Händen Kerzen und Glocken und forderten mit Liedern, Gebeten und Protestnoten Gerechtigkeit, Würde und humanitäre Arbeits- und Wohnbedingungen für ihre Mitmenschen.

Als ich davon hörte, fiel mir das Jahr 1989 ein, als in der ehemaligen DDR die Montagsdemonstrationen in den Kirchen begannen und im Laufe der Monate zu Massenprotesten wurden und schließlich den Eisernen Vorhang zu Fall brachten. Im Nachhinein hatte ein Stasigeneral die Erkenntnis mitgeteilt: „Wir waren auf alles vorbereitet, nur nicht auf Kerzen und Gebete."

So heißt ein anderes geradezu prophetisches Wort Adolph Kolpings: „Die Zukunft gehört Gott und den Mutigen!" Nach über dreißig Jahren sind wir heute Lebenden die Zukunft im vereinten Deutschland, weil es so viele mutige Menschen gab. Als ich einen der damaligen Protagonisten fragte, warum sie nicht der Resignation und einem lähmenden Pessimismus erlegen seien, da hat er geantwortet: „Resignation und Pessimismus kommen aus der Angst. Es gab für mich damals einen Zeitpunkt, da hatte ich meine Angst überwunden, komme, was da wolle." Für ihn waren es die tief berührenden Gottesdienste, die den Montagsdemonstrationen vorausgingen, die persönlichen Zwiegespräche mit Gott in den angstbesetzten Zeiten vor und nach den Aktionen, die ihm zur Kraftquelle wurden und schließlich zur inneren Freiheit führten.

„Mut ist Angst, die gebetet hat." So lautet ein Wort von Corrie ten Boom, die während der Nazi-Zeit ein Netzwerk von mutigen Menschen in Holland aufgebaut hat. Sie haben Juden versteckt und oft gerettet. Corrie ten Boom wurde 1944 von einem

Denunzianten verraten und kam in das Konzentrationslager Ravensbrück. An den Wachen vorbei hatte sie eine Bibel geschmuggelt. Des Abends in der Baracke machte sie den häufig apathisch und leblos daliegenden Frauen, die sich schon aufgegeben hatten, mit Bibelstunden Hoffnung. Sie versuchte zu vermitteln, dass Gott sie trotz allem nicht verlassen und Jesus dasselbe verzweifelte Schicksal erlitten hatte. Er gehe ihren Weg wie damals auf der via dolorosa von Jerusalem heute in Ravensbrück mit. Manche dieser Frauen bekamen durch diese Ermutigungen wieder Lebensmut und überlebten zum Teil das KZ wie Corrie selbst auch.

„Der HERR ist mein Licht und mein Heil; vor wem sollte ich mich fürchten! Der HERR ist meines Lebens Kraft; vor wem sollte mir grauen!", heißt es im Psalm 27.

Denken Sie jetzt, liebe LeserIn, das ist doch fromme Sauce und hilft mir gar nicht, wenn mich die ganz gewöhnliche Angst überkommt; wenn mir etwa davor graut, dass ich schwer krank werden könnte und in diesen Corona-Zeiten im Krankenhaus nicht die nötige Versorgung bekomme. Am liebsten möchte ich vor diesem Einwand weglaufen, weil die Antwort mir nicht einfällt. Und warum will ich weglaufen? Vielleicht, weil ich meine eigene Angst noch nicht überwunden habe. Also kann ich Ihnen nur sagen, liebe LeserIn: Ich werde versuchen meine und Ihre Angst beten zu lassen. Vielleicht verstehen wir uns ja auf einer tieferen Ebene als der von verständlichen Erklärungen, auf der Ebene des Herzens, in der vielleicht auch Gott ein- und ausgeht. Aber so genau weiß man das nie. Doch orientiere ich meine Zweifel weiterhin an Jesus, an Corrie, Adolph Kolping und all den mutigen Menschen mit den Kerzen in den Händen. Jedenfalls will ich keine frommen Sprüche mehr machen, sondern den Erfahrungen von Menschen vertrauen, die ihre Angst überwunden haben.

Lass deine großen Sprüche,
sag das, was wichtig ist!
Dein kleines Wort hat Wert,
wenn Du nur ehrlich bist.
Was ist klein und was ist groß?
Was leuchtet, und was blendet bloß.
Auch das größte Feuerwerk
Kann doch nur verglühn.
Doch dein kleines Licht
Kann wie eine mutige Blume
Immer und ewig blühn.

Verfasser unbekannt

„Du hast das nicht, was andere haben,
doch andern fehlen deine Gaben,
aus dieser Unvollkommenheit
entspringet die Geselligkeit."
(nach ‚Der Blinde und der Lahme'
Augenweide, Musikverlag Hamburg)

Neben-Menschen werden Mit-Menschen

Dass wir im anderen Menschen nicht Mit-Menschen, sondern Neben-Menschen, den Konkurrenten sehen, sei ein großer Fehler der Menschheit. So bemerkte einst Albert Schweitzer, der Friedensnobelpreisträger, der in den afrikanischen Dschungel ging, um Menschen zur Mitmenschlichkeit zu ermutigen.

Wie werden Nebenmenschen zu Mitmenschen? In Zeiten der Pandemie sind wir ja geradezu aufgefordert, ständig auf Abstand zu gehen, uns möglichst wenig zu berühren, Kontakte zu vermeiden. Menschen, die krank sind, auf der Intensivstation liegen oder gefangen sind auf engem Raum im Altenheim, zu Hause, wo auch immer, vermissen schmerzlich die Nähe von Mit-Menschen. Nicht anders geht es ihren Angehörigen.

Wie kann das gelingen, nicht nebeneinander her zu leben, sondern miteinander? Wenn ich in normalen Zeiten in der Kirche bei Gottesdiensten Menschen nebeneinander sitzen sehe, die sich oft kennen, aber trotzdem nicht aufeinander reagieren, dann fordere ich sie manchmal auf, den Nachbarn, also den Neben-Menschen zu begrüßen und ihm die Hand zu geben. Schon geht ein Lächeln durch die Reihen und in einem kleinen Augenblick sind aus Neben-Menschen Mit-Menschen geworden.

Einmal machte ich in einer Schweizerischen Stadt Urlaub, saß nach einer Wanderung auf einer Bank und verzehrte ein Brötchen. Alle, die vorbeikamen, wünschten mir „En gueten!", also einen guten Appetit. Sofort fühlte ich mich nicht mehr so allein. Es war ein Stück Mit-Menschlichkeit entstanden. Ich nahm mir vor, dies auch in meinem Leben umzusetzen, also fremde Menschen zu beachten und wünschte z. B. einem jungen Mann, der in Paderborn an einer Laterne stand und seine Pommes aß, einen guten Appetit. Daraufhin schaute er mich verdutzt an und fragte: „Kennen wir uns?" Muss man sich kennen, damit aus Neben-Menschen Mit-Menschen werden?

In Coronazeiten begrüßen wir uns in der Kirche manchmal wie in fernöstlichen Religionen. Wir falten die Hände vor der Brust, wenden uns auf Entfernung einander zu und verneigen uns voreinander. In einer mystischen Richtung des Islam, dem Sufismus, bedeutet dieser Gruß: „Das Göttliche in mir grüßt das Göttliche in dir." Menschen dieses Glaubens sind überzeugt, dass Friede letztlich aus der inneren Begegnung mit dem Göttlichen kommt. Die Achtung vor Gott führt zum Respekt vor den Mit-Menschen.

Ich wünschte mir, dass auch die Menschen, die in dieser Pandemie isoliert sind vom Leben, diese Form von Friedensgruß möglichst oft durch einen Brief, eine Mail, ein Telefongespräch und andere Kommunikationsformen, die möglich sind, erfahren. Wichtig ist die innere Gewissheit: Wir denken aneinander! Für gläubige Menschen kann das auch heißen: Wir beten füreinander!

Das Christentum ist die Religion der Humanität, der Menschlichkeit, der Mit-Menschlichkeit. Dafür ist Gott doch in die Welt gekommen, damit aus Neben-Menschen, also aus Menschen, die nebeneinander, aneinander vorbeileben und sich oft genug bekämpfen, Mit-Menschen werden. Albert Schweitzer hat das gelebt. Er war ein Universalgenie in der ersten Hälfte des 20. Jahrhunderts, ein hoch anerkannter Theologe und Philosoph, ein begnadeter Musiker, Naturforscher. Aber Albert Schweitzer wollte das Christsein leben und stellte fest, dass der große Gott Mensch wurde auf dem Misthaufen der Welt. Da erkannte Albert Schweitzer: Ich muss runterkommen von meinen wissenschaftlichen Höhenflügen und zu den Ärmsten der Armen gehen, um Christentum zu leben. Da finde ich Gott am ehesten. Er gab das ganze bisherige Leben auf, wurde Urwaldarzt im zentralafrikanischen Busch.

Damit aus Nebenmenschen Mitmenschen werden, muss der Mensch Gott in sich einlassen. Nach unserem Glauben klopft Gott jeden Tag bei mir, bei uns an.

Dazu fiel mir dieser Text ein mit dem Titel *Hoher Besuch:*

„Gott, gestern hast Du bei mir angeklopft, Du wolltest mich besuchen. Aber meine Tür war verschlossen und ich war nicht zu Hause. Versteh doch, lieber Gott, so viele Termine, so wichtige Geschäfte, so viel zu tun. Und jetzt auch noch die Pandemiezeit. Ich muss sehen, wie ich klarkomme, trotz allem genug Geld habe, meine Familie befriedige, im Betrieb, im Verein, im Club nicht zu kurz komme. Und diese Einkauferei mit Maske, die ich nicht selten vergesse, diese Hetze, der reinste Salto Mortale in schlimmen Zeiten.

Du hast bei mir angeklopft, ich hab es nicht gehört. Sieh doch ein, lieber Gott, da ist keine Zeit für Dich in dieser Zeit, keine Zeit zum Träumen, keine Zeit für die Sehnsucht, keine Zeit zum Beten, zum Trösten, zu müde, zu schlapp, zu abgespannt.

Oder höre ich sie doch, Deine Stimme, die mir leise zuruft: Öffne die Tore deiner Verdrießlichkeit, der Angst und Traurigkeit, deiner Schuld und deines Versagens. Es kommt einer, der will dich besuchen, um dir Ruhe ins Herz zu bringen, dich zu heilen und zu versöhnen mit den Komplexen und Unzulänglichkeiten deines Lebens. Entriegele die Tür deiner Gleichgültigkeit und Ignoranz, und Gott erfüllt dein Herz mit Freude und Zuversicht: Menschwerdung Gottes ereignet sich mitten in deinem Herzen, weil Frieden sich legt ins Zentrum deines Daseins."

Aus der Begegnung mit diesem Besuch kann sich eine neue Lebenshaltung ergeben:

Da ist

- der Fremde in deinem Dorf, kein Nebenmensch, ein Mitmensch,
- der Mann mit dem Alkoholproblem in deiner Straße, kein Nebenmensch, ein Mitmensch,
- die Familie mit dem Hartz-IV-Einkommen, keine Nebenmenschen, Mitmenschen,
- der Werksvertragsarbeiter aus Rumänien bei der Fleischfabrik, der sich nachts zur Ärztin schleicht mit seiner Krankheit, weil er Angst hat, seinen Job zu verlieren, wenn er sagt, dass er krank ist, kein Nebenmensch, ein Mitmensch,
- die heruntergekommenen Kids aus der Großstadt, die „Schmuddelkinder" der Arche in Berlin,
- die Flüchtlinge, die dir jeden Tag auf den Straßen deiner Stadt begegnen, keine Nebenmenschen, sondern Mitmenschen.

Neben-Menschen leben
aneinander vorbei
und wenden sich gegeneinander,
sehen im anderen den Gegner,
den Konkurrenten
um die besten Noten
die schönsten Wohnungen
das höchste Ansehen
das meiste Geld.

Mit-Menschen
leben miteinander,
sind gut zueinander,
sorgen füreinander,
gönnen einander
den Erfolg, die Sonne,
die Wärme, das Licht,
und haben Freude aneinander.

Mit-Menschen sind
Gottes-Menschen, weil
durch sie Humanität und
Frieden auf dieser Erde wachsen,
weil durch sie Gott
in diese Welt kommt,
weil sie dem Hohen Besuch
längst die Tür geöffnet haben.

„Zwischen einer gebenden
und einer aufgehaltenen Hand
liegt nur eine winzige Drehung."
Volksweisheit

Nur eine kleine Drehung

Die Älteren unter uns erinnern sich noch an jene Jahre nach dem 2. Weltkrieg, da auch in unserem Land Menschen auf den Tennen der Bauern standen, die Hände aufhielten und fragten: „Haben Sie ein paar Kartoffeln, Eier, ein Stück Brot oder eine Seite Speck?" Es kann entwürdigend sein, die Hand aufhalten, betteln zu müssen. Als Kinder in diesen Jahren gingen wir oft zu den Soldaten der englischen Besatzungsarmee und bettelten: „Have you chocolate?"

Das waren unsere ersten Worte, die wir in Englisch beherrschten.

„Es ist nur eine winzige Drehung von der gebenden zur aufgehaltenen Hand." So eine Volksweisheit.

Heute fühle zumindest ich mich in der komfortablen Lage, geben zu können, Geld übrig zu haben, etwa mit Partnern in Afrika teilen zu können. Denn das meiste, was mir in den Supermärkten angeboten wird, brauche ich gar nicht, um leben zu können. Aber bleibt das so? Hat dieser Überfluss Bestand?

Zum ersten Mal seit Kriegsende sehen wir uns 2020 wieder einer allgemeinen Bedrohung gegenüber, die nicht nur unser Land, sondern die ganze

Welt betrifft. Unser Staat ist in der Lage, mit riesigen Beträgen die Existenz vieler Menschen in der Pandemie abzusichern. Und doch fallen manche durchs Netz, werden arbeitslos, gehen Pleite, wissen nicht mehr, wovon sie leben sollen, denken an Suizid.

Noch wissen wir nicht, welche Auswirkungen die Pandemie, aber auch der Zusammenbruch mancher Banken in den letzten 20 Jahren, die korrumpierende Handelsmachenschaften von Milliardären und Oligarchen, die expandierenden chinesischen Wirtschaftskräfte, der fundamentale Klimawandel am Ende auf unseren Lebensstandard haben. Ob wir in Europa nicht doch eines Tages wieder die Hand aufhalten werden?

Eine Gesellschaft, die fast ausschließlich auf Geldwert aufgebaut ist, kann sehr anfällig sein. Da zocken einige Großkapitalisten rum, als seien sie in einem globalen Monopoly-Spiel, und der Bürger muss mit seinem Steuergeld dafür zahlen.

Mit 5 % des um die Welt vagabundierenden Geldes einer mächtigen Börsenkultur könnte man in Afrika den gesamten Hunger beseitigen und das Gesundheitswesen sanieren.

Aber am Ende ihres Lebens stehen sie vor Gott alle gleich da, das Straßenkind aus Bangladesch und der superreiche Chef einer Investmentbank, werden gemessen nur nach dem Wert ihrer Menschlichkeit. Es kommt einem die Geschichte von dem russischen Bauern in den Sinn, der sich nach seinem Tod einen ganz Sack Rubel in den Sarg legen lässt. Angekommen bei

Gott will er im Himmel für alle Annehmlichkeiten mit diesem Geld bezahlen. Der Engel an der Kasse schüttelt den Kopf und gibt zu verstehen, dass im Himmel nur das Geld zähle, das einer verschenkt hat. So hatte er nicht gerechnet. Jetzt bleibt ihm nichts anderes übrig, als die Hand aufzuhalten, um Leben und Liebe zu bitten.

Schnell wird aus einer gebenden eine aufgehaltene Hand.

Wie anders die Einstellung eines alten über 70-jährigen Pfarrers in Bergamo im April 2020 während der heftigen Covid-19-Epidemie in Norditalien. Als auf einer Intensivstation nicht genügend Beatmungsmasken zur Verfügung standen, gab er seine an einen jüngeren Familienvater ab mit der Bemerkung: „Ich steh sowieso in nicht allzu langer Zukunft vor meinem Schöpfer." Das ist Glaube.

Wir wissen nicht, was künftig geschehen wird, ob wir uns nicht doch noch mit dem Virus anstecken und mit schwerem Verlauf in der Klinik landen, ob die Konsumverhältnisse sich ändern und auch wir eines Tages wieder die Mülleimer nach Kartoffeln und Obst durchsuchen, ob uns das Atmen belastender wird in verpesteter Luft, ob wir in weißen Bettlaken sterben oder plötzlich aus dem Leben gerissen werden, ob es uns dann gelingt mit einer Hoffnung zu sterben, wir wissen es einfach nicht.

Die Grundfrage dieser Zeit lautet: Worauf bauen wir unsere Zukunftssicherung auf? Auf Lebensversicherungen, Aktien, Wertpapiere oder Zertifikate?

Oder vertrauen wir dem unsere Zukunft an, der unser Leben schon vor unserer Geburt gewollt hat wie der alte Pfarrer in Bergamo? Halten wir uns fest am Geld oder an Gott? Denn irgendwann fällt all das Materielle weg, dann stehst du da mit deinem nackten Leben. Was hält dich dann?

Ich hatte ein Gespräch mit einem Rettungsassistenten, der erzählte: „Wenn ich an einen Unfallort komme und verletzte Menschen im Fahrzeug eingeklemmt sehe, dann gehe ich für einen Augenblick in mich hinein und spreche schweigend: „Oh Gott, sei jetzt bei mir und bei diesen Menschen. Lass meine Knie nicht zittern und meine Sprache nicht stocken. Denn sonst kann ich nicht geben, was dieser Mensch braucht."

„Zwischen einer gebenden und einer aufgehaltenen Hand liegt nur eine kleine Drehung." Wir sind in erster Linie immer noch Menschen mit aufhaltenden Händen. Denn dass wir leben, dass unser Planet noch einigermaßen funktioniert, dass wir in unserem Land seit über 75 Jahren Frieden haben, das ist nicht erleistet oder gekauft, das ist uns geschenkt.

In der christlichen Gottesdienstkultur steht das Dankgebet an erster Stelle. Denn ein Mensch, der aus der Haltung des Dankens lebt, geht auch dankbarer und demütiger mit sich selbst und mit seinen Mitmenschen um, weil er teilen kann; der hat auch keine Angst vor der Zukunft, weil er sich in Gott versichert weiß.

Wenn ein Mensch geboren wird, dann ballt er als kleines Kind die Händchen zu Fäusten, als wolle er das Leben ergreifen und begreifen. Wenn er stirbt, dann öffnet er beide Hände und will damit sagen:

Jetzt kann ich nichts mehr festhalten, bin angewiesen auf den, der mir das Leben neu schenken will. Dieses Leben ist gratia, ist gratis, umsonst, ist Gnade, sagt der christliche Glaube.

Empathie geht durch Mauern,
„denn die Liebe hört niemals auf“
(1 Kor, 13,9).

Empathie und Achtsamkeit

Die Mitarbeiterin einer Altenhilfeeinrichtung kommt morgens zum Dienst. Sie ist spät dran und hat es eilig. Da sieht sie im Foyer eine Bewohnerin, die hemmungslos weinend auf einer Bank sitzt. Zwei Stimmen regen sich in der Mitarbeiterin. Die eine sagt: „Geh schnell weiter! Du hast keine Zeit!“ Die andere: „Die Frau braucht dich. Lauf nicht vorbei!“ Sie folgt der zweiten Stimme, geht auf die Bewohnerin zu, legt ihr den Arm um die Schulter, nimmt sie aus dem Verkehr und geht mit ihr in einen Nebenraum. Dort erzählt ihr die Bewohnerin, dass das Gefühl grenzenloser Traurigkeit und Einsamkeit sie übermannt, weil sie erfahren hätte, dass die Tochter sie zu Weihnachten nicht besuchen käme. Da die Mitarbeiterin in Zeitdruck ist, gibt sie der alten Frau zu verstehen, dass sie ihren Schmerz wahrgenommen und verstanden hat. Sie verspricht, in der Mittagszeit für ein Gespräch zurückzukommen.

Die innere Stimme von Achtsamkeit und Empathie wohnt in jedem Menschen. Die Frage ist oft, ob sie sich bemerkbar machen kann im alltäglichen Rummel von Beschäftigtsein und Arbeit. Manchmal genügt schon eine Minute, um einem anderen zu signalisieren: „Ich habe wahrgenommen, wie es dir geht. Ich bin da." Ein kleiner Austausch kann schon im Tür-und-Angel-Gespräch Entlastung bringen.

Empathie bedeutet Einfühlung, nicht Mitleid. Wer sich einfühlt, teilt einem anderen nicht mit: „Was bist du für ein armer Mensch. Ich habe echt Mitleid mit dir." Das macht ihn nur noch kleiner. Empathie bedeutet, sich in einen Menschen so einzufühlen, dass man ein Gefühl für seinen Schmerz hat, ihn nachempfinden kann auf Augenhöhe.

Was diese Form von Empathie bedeutet, verstehe ich am ehesten am Modell Jesu im Neuen Testament. Immer, wenn er Menschen in Not sah, einen Lepra-Kranken oder eine Frau etwa, die ihr zwölfjähriges Kind verloren hat, dann heißt es von ihm: „Er war im Innersten bewegt." Das ist mehr als nur „Die Menschen taten ihm leid", wie manche Fachleute übersetzen. Jesus war von jeder Begegnung in seiner Seele berührt. Das machte die Menschen heil.

Im Religionsunterricht des 4. Schuljahrs habe ich einmal den Schülern die Aufgabe gestellt, ein Bild zum Thema Mitgefühl zu malen. Da malte ein Kind ein Herz mit einer Antenne. Gibt es ein schöneres Symbol für Einfühlung und Achtsamkeit, als dass man seine Antennen ausgefahren hat für die Umgebung in jeder Hinsicht? Denn dadurch zeigt man einem anderen Menschen: „Ich bin da."

Die Eltern eines Säuglings haben ihre Antennen ständig ausgefahren und streicheln ihn, wenn er schreit, geben zu verstehen: „Ich bin doch da."

Jetzt, da ich diese Sätze zu Papier bringe, füllen sich im November 2020 die Kliniken mit Corona- und anderen Patienten, die weitgehend isoliert sind von ihren Angehörigen. Der Mann einer Frau, die auf der Intensivstation liegt, sagt: „Das ist einfach nicht auszuhalten. Meine Frau geht mir keine Sekunde aus dem Kopf." Sich ohne direkten Kontakt in den Schmerz einzufühlen, überfordert Menschen. Ich kann nichts anderes tun, als diesem Menschen zu signalisieren: „Ich habe Sie gehört mit dem Ohr meines Herzens. Ich denke an Sie und Ihre Frau. Ich bete für Sie. Wenn sie ein Gespräch brauchen, dann bin ich da. Meine Überzeugung ist", sage ich dem Mann „dass Empathie durch Mauern geht. Wenn Sie jede Sekunde an Ihre Frau denken, dann wird sie das in ihrem tiefsten Inneren spüren. Denn Ihr Leid zeigt ihr, dass Ihre Liebe nicht aufgehört hat." Letztlich glaube ich, dass auch Gott die Empathie in uns Menschen nicht verloren hat. Jeden Tag kann uns sein DA-Sein hoffen lassen:

Wenn die Vögel zwitschern
und sich Nester bauen,
der Regen sanft vom Himmel fällt,
die Sonne funkelnd scheint,
dann kann ich glauben:
Du bist da, Gott.

Wenn die Melodie des Lebens tönt
leise hell und klar,

und ich spüren darf,
ganz und gar bei mir zu sein,
dann kann ich glauben:
Du bist da, Gott.

Wenn ich neues Leben schaue
unbefangen, fröhlich, frei,
wenn ich Menschen sterben sehe
mit sich und ihrem Leben eins,
dann kann ich glauben:
Du bist da, Gott.

Wenn ich merke, es gibt
den Bruder, der mich mag
die Schwester, die mir verzeiht,
den Freund der zu mir hält,
die Freundin, die mir
die Wahrheit sagt,
dann kann ich glauben:
Du bist da, Gott.

Wenn ich verzweifelt bin
und keiner Liebe folgen kann,
denke, es sei so sinnlos
dieses Leben, zum Wegwerfen,
und doch das Wörtchen Trotzdem
höre und ein Fünkchen Hoffnung
unter toter Asche spüre,
dann kann ich glauben:
Du bist da, Gott.

Und wenn am Horizont des Lebens
der Widerruf der Zeit erscheint,
und ich mit meinem Ende rechnen muss,
dann möcht‘ ich tapfer durch den Tunnel
gehen
zu jenem anderen Ufer,
an dem Du sprichst:
Ich bin da, für dich da.

„Ich bin Leben, das leben will,
inmitten von Leben, das leben will."
Albert Schweitzer

Alles ist mit einander verbunden

Die Rasanz, mit der sich das Virus Covid 19 in wenigen Monaten über den ganzen Erdball verbreitet hat, ist einerseits bedrohlich, führt uns andererseits aber auch sehr eindringlich die naturwissenschaftliche Erkenntnis vor Augen, dass alles Leben miteinander verbunden ist.

Im Sommerurlaub saß ich am Strand und ließ meinen Gedanken über die Zusammenhänge des Lebens freien Lauf. Grundsätzliche Fragen kamen mir in den Sinn: Wie ist Leben entstanden? Was macht es aus? Das Rauschen des Meeres, das ständige Herannahen und sich Entfernen der Wellen wurden zum Bild für diese Fragen: Woher kommt das Leben, wohin geht es? Ich erinnerte mich daran, dass schon während meiner Kindheit mein religiöses Weltbild ins Wanken geraten war, das Bild von dem großen Vater, der überm Sternenzelt jedes Lebewesen einzelnen erschaffen hatte, wie es die Kirche jahrhundertelang vermittelt hatte.

In diesem Urlaub am Meer kam mir wieder mal ins Bewusstsein, dass wir Menschen in einem bestimmten Zeitalter der Erdgeschichte selbst Bestandteile der Ozeane waren und wir deshalb Verantwortung tragen z. B. für unsere älteren Geschwister, die Tiere. Folgende Verse fielen mir dazu ein, die ich in mein Tagebuch schrieb:

Einst in grauer Vorzeit auf Erden,
kamen die Meeresbewohner an Land,
um am Ende Menschen zu werden
und zahlreich zu sein wie der Sand.

Stetig und langsam formten aus Kiemen sich Ohren,
Flossen dehnten zu Armen sich und Händen,
aus Schwimmblasen wurden Lungen geboren,
Lippen begannen Laute und Worte zu senden.

Leben heißt ohn' Ende sich wandeln
Großer Reichtum der Natur,
da Gott beschloss zu handeln,
in Zeichen und Wundern: seine Spur.

Heute siehst Du sie wieder an Land:
Verstummen, verzucken, ersticken und sterben,
getrieben von Öl und Gift an trockenem Strand,
in dieser Welt voll zerbrochener Scherben.

Denn der Mensch begann zu handeln,
und Leben in Tod sich verwandeln.

Leben hat sich auf dieser Erde in einem Prozess von über vier Milliarden Jahren langsam entwickelt, angefangen mit einer Zelle über die Entstehung primitivster Pflanzen, die ersten Meerestiere, den Säugern, den Androiden, bis hin zu den Affen, den Primaten und zum Schluss dem homo sapiens. Die Erkenntnis, dass der Mensch plötzlich nicht mehr Krone der Schöpfung, sondern lediglich Teil der Natur und mit allem Leben verwandt ist, hat auch die religiöse Lehre des Christentums in ihren Grundfesten erschüttert und ihr einen Schlag versetzt, von dem sie sich bis heute nicht erholt hat. An die Stelle des Glaubens an die göttliche Erschaffung von Pflanzen, Tieren und Menschen trat die Vorstellung, dass auch Menschen Produkte natürlicher Prozesse sind.

Wie komme ich als Christ aus dieser Falle heraus? Es ist heute nicht mehr zu bestreiten, dass die Schöpfung evolutiv vorgeht. Naturwissenschaftler wie Humboldt, Darwin, Ernst Haeckel und viele mehr beschreiben das *Wie* dieser Entstehung. Aber sie können nichts sagen zu dem *Warum* der Schöpfung.

Die entscheidende Frage, die sich mir gerade nach dem Einbruch dieser Naturkatastrophe durch die Epidemie stellt, ist:

Warum gibt es uns überhaupt?
Warum gibt es uns nicht vielmehr *nicht*?

Nach unserem Glauben hat Gott den Anfang dieser Evolution gesetzt und er begleitet alle Entwicklungen, beseelt jedes Leben. Für uns Menschen heißt das: Wir können nicht leben ohne die Vorstellung auf ein absolutes personales Gegenüber, das wir Gott oder im Christentum Jesus Christus nennen. Ich würde verrückt, wenn ich lediglich materieller Körper wäre, der im Evolutionsprozess wieder zur Erde verfällt und dann lediglich Humus und Dünger für neue Pflanzen ist. Deshalb kann der Mensch nicht nur als Naturmaschine leben, die konsumiert und ausscheidet und am Ende verfällt. Er muss auch meditativ, anbetend leben, um ein Warum, einen Sinn zum Leben zu haben. Beides hängt zusammen. Wer glaubt, rettet die Welt.

Nach dem Friedensnobelpreisträger Albert Schweitzer ist Ehrfurcht vor Gott immer auch Ehrfurcht vor dem Leben und dem gesamten Ökosystem der Erde. Wenn an einer Stelle Leben zerstört wird, hat das Auswirkung auf den gesamten ökologischen Lebenszusammenhang. Wenn man in Australien oder Kalifornien die Buschfeuer nicht löschen kann, dann merkt das auch unser Klima. Ebenso ist es mit der Abholzung der letzten Regenwälder.

Ist es da ein Wunder, dass wir in diesen Zeiten erleben, dass die Natur zurückschlägt, uns bedroht durch die Pandemie, mehr noch den Klimawandel, nach so viel Ausnutzung? Vielleicht liegt darin ein Menetekel: Geht achtsam und zärtlich mit dem Leben um. Ich atme dieselbe Luft wie alles Lebendige. Nach dem heiligen Franziskus steht alles Leben mit mir auf Du und Du, Tiere, Pflanzen, Bäume, Blumen, die Elemente, Bruder Wind und Mutter Erde. Alles hat eine Seele. Alles hat eine Würde. Den Schöpfer zu ehren, heißt in Einheit mit den Geschöpfen zu leben.

Diese Haltung hat dann Auswirkung auf meinen Lebensstil, nach dem Prinzip: Weniger ist Mehr. Denn

- Es ist gut, Tiere zu streicheln; es ist sinnvoll, den Fleischkonsum einzuschränken, damit weniger geschlachtet werden,
- Es ist schön, mit Blumen und Pflanzen zu sprechen; sinnvoll wird es sein, sie zu hüten, zu pflegen und ihren Boden zu entgiften,
- Es ist wichtig, blühende Bäume zu bewundern; sinnvoll wird es sein, sie zu schützen und den Energieaufwand zu drosseln,
- Es ist wunderschön, Fische im klaren Wasser schwimmen zu sehen; sinnvoll wird es sein, weniger Traumschiff zu fahren und zu fliegen, damit die Wasser rein werden und die Lüfte sauber,
- Es ist großartig, am Strand Urlaub zu machen und frische Luft zu atmen; sinnvoll wird es sein, Müll zu vermeiden, damit Meere nicht verdrecken,
- Es ist notwendig, Menschen fremder Kulturen und Religionen zu achten; sinnvoll wird es sein, Geflüchteten ein Obdach zu geben.

Alles Lebende ist miteinander verbunden. Das Leben, das du anderen gönnst, gönnst du dir selbst, das, welches du anderen stiehlst, stiehlst du am Ende dir selber. Vorgelebt hat uns das der Mann aus Nazareth. Und darum habe ich dem oben begonnen Gedicht folgende Verse hinzugefügt.

Um diese Kultur des Todes zu wenden,
beschloss Gott,
sich selbst als Mensch unter Menschen zu senden,
öffnete Hände und Arme für jegliches Leben,
ließ atmen den Geist in allem auf Erden.

Sprach Worte des Segens über Fische und Brot,
er teilte, vermehrte, verschenkte sein Leben
und heilte die Menschen in Angst und in Not,
die Welt zu versöhnen: das sollte geschehen.

Seitdem feiern die Christen das Fest der Versöhnung,
in Gräbern und Kirchen, im irdischen Zelt,
im Zeichen des Fisches steht die Erlösung,
Jesus, Sohn Gottes, hilf retten die Welt.

„Jeder Verzicht macht uns reicher.“
Christliche Weisheit

Das ausgefallene Schützenfest

Liebgewordene Feste, Veranstaltungen, Bräuche, Rituale, die wie selbstverständlich Jahr für Jahr stattfinden, müssen und mussten in Zeiten der Pandemie ausfallen. Der Verlust schmerzt viele, bringt aber auch die Frage auf: „Warum machen wir das eigentlich?“

Am 11.11.2020, als die rheinischen Karnevalshochburgen wegen des Lockdowns wie ausgestorben waren, hörte ich am Radio einen Karnevalisten sprechen: Worum geht es denn im Karneval? Ausgelassen zu sein, sich zu betrinken, sich die Kante zu geben, bis nichts mehr geht, über die Stränge zu schlagen? Seinem ursprünglichen Wesen nach wollte der Karneval die unterprivilegierten Menschen, die täglich ums Überleben kämpfen, aufwerten und auf den Thron setzen. Für wenige Tage im Jahr durften die „von unten die da oben“ durch den Kakao ziehen, ordentlich kritisieren und in deren Rolle schlüpfen. Dieses fröhliche Spiel hatte den ernsten Sinn, auf Gerechtigkeit und die Gleichwertigkeit der Menschen hinzuweisen.

Hart traf es im Sommer 2020 auch die Schützenfeste in den westfälischen Dörfern und Städten. Häufig sah man an den Ortseingängen großformatige

Bilder von Königspaaren mit der Aufschrift: „Wir sehen uns 2021!" Ich denke: Wirklich? Oder spielt ihnen „Corona" nicht doch wieder einen Streich?

In vielen Vereinen fragte man sich: Was machen wir aus dieser Situation? Sollten wir nicht wenigstens den Kern unseres Festes zum Tragen bringen, das Gedenken der Gefallenen der Kriege, der Opfer von Holocaust, Entwürdigung, Demütigung und Vernichtung? In einem Dorf wurde ich gebeten, dazu einen Text zu verfassen. Dabei kam das folgende Gedicht heraus, das dann auch bei anderen „ausgefallenen Schützenfesten" vorgetragen wurde.

Das Schützenfest

Was machen die Menschen denn fest
auf ihrem Schützenfest?
In Kameradschaft und Freundschaft zu leben,
Tradition und Kontakte zu pflegen,
nach Einheit und Wahrheit zu streben,
den Brüdern, den Schwestern die Hand zu geben,
die Mitte des Lebens nie zu vergessen,
dem Glauben den richtigen Wert zuzumessen,
das machen die Menschen fest
auf ihrem Schützenfest!

Und was feiern die Menschen
auf ihrem Schützenfest?
Die Freude, die Sonne, das Lachen,
dass Kinder lustige Sachen machen,

bunte Umzüge und fröhliche Lieder,
Schönheit und Pracht, jedes Jahr wieder,
das feiern die Menschen
auf ihrem Schützenfest!

Und was glauben die Menschen
auf ihrem Schützenfest?
Die Gegenwart Gottes auf dieser Erde,
die Bedeutung christlich gelebter Werte,
dass Vereine und Kirche zusammenstehen,
für Gottes Natur gemeinsam einstehen,
dass Christus Fundament ist und Grund,
König und Herr für den Schützenbund.
Das glauben die Menschen
auf ihrem Schützenfest.

Und wofür marschieren die Menschen
auf ihrem Schützenfest?
Für die Opfer der Waffen in jeglicher Erde,
dass niemals wieder Krieg bei uns werde,
dass Terror und Willkür ein Ende haben,
und Geschöpfe nicht länger in Ängsten verzagen,
dass die Menschen am Kongo, am Euphrat und Jordan,
ihr Recht auf Frieden und Wohlstand einfordern,
dass Kinder in Deutschland bereit sind zu denken,
an Gott und den Nächsten Zeit zu verschenken,
dafür marschieren die Menschen
auf ihrem Schützenfest.

Danach erklang dann das Lied vom guten Kameraden. Was ist ein Kamerad? Einer, der die Kammer mit mir teilt, der mir Platz zum Leben gönnt und für mich eintritt, wenn ich in Not bin.

Südamerikanische Freunde sprechen mich in Briefen oder Mails manchmal an mit Companero. In Deutschland sagt man „Kumpane" oder Kumpel. Im Wort bedeuten alle drei Begriffe Cum(=mit) Pane (=Brot).

Ein Kamerad, ein Kumpel ist also jemand, der das Quartier und das letzte Brot mit uns teilt. Mein Vater hat das im Krieg oft genug erfahren.

Die Pandemie-Krise ist nicht die einzige in diesen Zeiten. Eine andere ist z.B. die Flüchtlingskrise. So viele Menschen, die uns brauchen als Kameraden, Companeros.

„Das ganze Unglück der Menschen
rührt allein daher, dass sie nicht ruhig
in einem Zimmer zu bleiben vermögen.“
Blaise Pascal

Allein ist nicht einsam

In einem Theater wurde „Der Kleine Prinz“ nach Saint-Exupéry aufgeführt.

Hautnah konnte man miterleben, wie der kleine Prinz einen Planeten betritt, wo er Milliarden von Menschen zu treffen hofft. Stattdessen läuft er nur durch Wüsten, Steppen, Wälder, begegnet niemandem. Schließlich steigt er auf einen hohen Berg. Wenigstens von hier aus hofft er, Menschen zu erspähen. Obwohl er nichts sieht als kahle, karge Felsenlandschaft, schreit er einfach in die Weite des Raums hinein: „Guten Tag!“

„Guten Tag, „Guten Tag, „Guten Tag!“ antwortet das Echo.

Der kleine Prinz erschrickt und ruft: „Wer bist Du?“

„Wer bist Du?“ „Wer bist Du?“ „Wer bist Du?“ So kommt es vom Echo zurück.

„Seid meine Freunde, ich bin allein!!!“ schreit er noch lauter.

„Ich bin allein!!!“ „Ich bin allein!!!“ „Ich bin allein!!!“ Hallt es über die Berge

Die Zuschauer im Theater duckten sich regelrecht unter der Wirkung des Echos nieder und rückten näher zusammen. Einsamkeit ist nieder-drückend.

Dieser Planet Erde, meint Exupéry, erlebt zwar eine Bevölkerungsexplosion, trotzdem ist es ein einsamer Planet. Die Menschen auf diesem Planeten denken, so sagt der Kleine Prinz an anderer Stelle, sie könnten alles kaufen. Weil es aber keine Kaufläden für gute Freunde gibt, darum sind viele Menschen so einsam. Einsam mitten im medialen Kirmesrummel. Allein mit dem Echo, das die Sehnsucht zurückwirft.

Ein alter Mann, ein Witwer beschreibt seine Einsamkeit so: „Wenn ich den ganzen Tag mit keinem Menschen gesprochen habe, dann fühle ich mich innerlich trostlos und gelähmt. Bisweilen dringt des Abends das Geschrei von Kindern unter meinem Fenster an mein Ohr und lässt mich wenigstens fühlen: Ich bin noch in der Welt." Und in der Zeit der Epidemie und des Lockdowns fehlt selbst dieses Echo.

Einsam ist ein Mensch, nach dem niemand mehr fragt, den keiner sucht, der sich von niemanden gebraucht weiß.

Ein einsamer Mensch hat das Gefühl: „Ich störe, ich bin wertlos, ungeliebt und unattraktiv. Mit mir will keiner etwas zu tun haben." Seine Hilferufe prallen wie ein Echo auf ihn zurück.

„Das Schlimmste war das Gefühl, überflüssig zu sein auf dieser Welt". So schilderte eine alte Frau ihr

Gefühl, die 1938 auf einem Schiff aus Deutschland fliehen musste, weil sie Jüdin war. Sie war unter Tausenden von Menschen auf diesem Schiff und doch absolut einsam. Monatelang lag das Schiff vor der Küste des rettenden Landes, das keine Einreisegenehmigung gewährte. Nicht der Hunger und die unterirdischen hygienischen Verhältnisse hätten ihr am meisten zu schaffen gemacht, sondern die Erfahrung: Du gehörst nicht mehr zur Menschheit dazu.

Dieses Gefühl, nicht gewollt zu sein, nicht am Leben beteiligt zu werden, überfällt Menschen auf den Flüchtlingsbooten im Mittelmeer, aber auch alte Menschen, die sich nach Jahren im Altenheim immer noch abgeschoben fühlen, oder Kinder, die in einer Schulklasse kein Bein an die Erde kriegen. So hat Einsamkeit ganz verschiedene Facetten.

Aber immer hat sie mit Ausgrenzung zu tun und dem Gefühl, nicht gewollt zu sein.

Neulich erzählte mir jemand von einer Erfahrung digitaler Einsamkeit:

„Wenn wir in unserer Familie zusammensitzen, Vater, Mutter, Tochter, Sohn, dann ist schon vor dem Frühstück jeder für sich mit seinem Smartphone beschäftigt. Wir reden nicht miteinander, sondern kommunizieren jeder mit einer je eigenen Welt außerhalb von uns. Dabei brauche ich doch so notwendig einen freundlichen Blick, ein ermunterndes Wort, die Gewissheit: Ich bin an diesem Tag mit meinen Gedanken bei dir. Stattdessen werfen mich die digitalen Medien wie ein Echo auf mich selbst zurück.

Einsamkeit hat viele Formen. Sie ist Belastung, weil sie als Ausgrenzung erlebt wird.

Wie deute ich aber die Erfahrung eines Klosterbruders, der mir sagt: „Ich bin allein, aber ich bin nicht einsam?" In seiner Ordensgemeinschaft lebt er den überwiegenden Teil seines Tages mit sich und Gott allein in seiner Klosterzelle. Gott ist für ihn kein Echo, das die Einsamkeit quälend zurückwirft, sondern Resonanz, innere Stimme, die ihn trägt.

Aber er hat auch die Seite der Einsamkeit kennengelernt; die Dämonen, die gerade in den einsamen Stunden auf die Seele treten, die Selbstzweifel, die inneren Bedürfnisse und Begierden, die Ängste vor den eigenen Schattenseiten, die Furcht, von allen verlassen und nicht gemocht zu sein. Er hat sich bewusst entschieden, diese Widergeister im inneren Zwiegespräch seinem Gott hinzuhalten. Dann spürt er, dass er zwar allein, aber nicht einsam und gottverlassen ist. Und diese innere Balance strahlt auf Menschen aus. Denn er sagt von sich: „Als ich mich Gott zugewandt habe, habe ich mich nicht von Menschen abgewandt. Heute bin ich mir sicherer denn je: Es gibt Gott nicht ohne die Menschen."

Es geschieht nämlich, dass einzelne Personen ihn mit ihren Sorgen und Nöten aufsuchen. Vielleicht spüren sie: Es gibt auch den Menschen nicht ohne Gott. Manche wollen eine Zeit lang mit den Mönchen mitleben, mit ihnen ins Gespräch kommen über das Wesentliche, das Menschsein ausmacht.

Viele stellen fest, dass sie im alltäglichen Leben zu sehr abgelenkt sind von diesen tausend Dingen, die sich dauernd zwischen Menschen abspielen. Sie nehmen sich vor, in ihren Alltag Ruhezeiten einzubauen, um mit sich selbst und dem Geheimnis allein zu sein. Bald merken sie, nichts kann schwerer sein, als es bei sich selbst auszuhalten. Dann hilft es ihnen, mit ihrer inneren Stimme ins Gespräch zu kommen, z. B. über ein Mantra, einen Satz oder einen Vers, den sie in Gedanken beständig wiederholen. Solche Oasen der Ruhe können helfen, den ganz normalen Wahnsinn der Hektik zu bestehen. Sie können auch aus der Falle der abtötenden Einsamkeit herausführen.

Ich traf im Altenwohnheim auf eine hochbetagte Bewohnerin, die fast nie Besuch bekam. Trotzdem wirkte sie auf mich sehr lebendig. Ihre Augen funkelten, wenn ich ihren Raum betrat. Irgendwann verriet sie mir ihr Geheimnis. Sie versuchte, morgens und abends vor dem Schlafengehen sich an ihre Kindheit zu erinnern, in Geschichten und Gebete einzutauchen, die ihre Mutter zu ihr gesprochen hatte. Dann war sie mit sich, ihrem Er-Innern und mit Gott allein, aber nicht einsam. Sie holte sich Kraft aus dem Inneren, den Quellen ihres Lebens. Auch sie fand auf dem Boden ihres Lebens nicht ein Echo, das ihr die Einsamkeit zurückwarf, sondern eine Resonanz, in die sie sich fallen lassen konnte, um in ihrer Seele Ruhe zu finden.

Leben zu den Sternen

„You'll never walk alone ..."
Hymne des FC Liverpool

Auf der Himmelstreppe

Jeden Tag sitzen sie auf der Freitreppe mitten in einer westfälischen Stadt, die Menschen am Rande der Gesellschaft:

- Der Mann, der so jung seine Partnerin verloren hat, und seitdem sich ständig betrinkt, um zu vergessen; ohne Beruf, ohne Wohnung.
- Die drogenabhängige Frau, die kreischend lacht über die obszönen Witze ihres Treppennachbarn, weil sie sonst nichts mehr zu lachen hat.
- Der Junge, den sie gerade aus dem Knast entlassen haben, in dem er gelandet war, weil er beim Streit einem anderen die Bierflasche über den Kopf gezogen hat.
- Der Akkordeonspieler, dessen Akkordeon quietscht und dessen Lieder allen gleichgültig sind.
- Die Friseurin mit den verwahrlosten Haaren, die von einer Treppenstufe zur anderen torkelt.
- Der Mittdreißiger, der mit seiner Arbeit nicht mehr klarkam, ständig gemobbt wurde und nun orientierungslos durchs Leben taumelt.

- Menschen, die gelangweilt hier abhängen, weil sie an nichts mehr hängen als an der Flasche, der Spritze und der Verachtung der Vorbeigehenden.
- Menschen, die sich aufgegeben haben, weil irgendjemand irgendwann und irgendwo sie schon längst aufgegeben hatte.
- ...

„Was sehen Sie in den Augen dieser Menschen?“, so fragte mich Bernd, der Streetworker und Quartierlotse, der sich im Auftrag von Stadt und Caritas für diese Menschen verantwortlich fühlt. Ich werde nachdenklich: Was sehe ich in diesen Menschen, die vom Leben nichts mehr erwarten, die sich eingerichtet haben auf der schiefen Bahn des Lebens? Verwüstung? Leere? Schmerz? Traurigkeit? Sinnlosigkeit? Ja, von allem etwas! Aber vor allem sehe ich Sehnsucht.

„In ihren Augen offenbaren sie ihre Seelen, sie sind geplündert und verwüstet, doch heißt der Mensch nicht Mensch, weil er nach Erlösung dürstet?“ Diesen Satz hatte ich mal nach einem Vortrag über Arbeits- und Obdachlosigkeit in mein Tagebuch geschrieben. Die Menschen auf der Treppe dieser Stadt dürsten, haben einen unstillbaren Durst nach immer mehr und mehr Alkohol, Drogen usw. Aber eigentlich dürsten sie nach Erlösung; nach dem erlösenden Wort: Du bist Mensch, du hast Würde, es ist einer da, der dich liebhat.

Plötzlich stand eine Idee im Raum: Sollen wir für diese Menschen nicht hier am Fuß der Treppe einen

Gottesdienst feiern? Ich bekam große Augen und fragte den Quartierlotsen: „Wie kommen Sie denn auf die Idee?“ Er hat geantwortet: „Diese Menschen fühlen sich nur noch als Unperson, ausgegrenzt und von allen gemieden, als der letzte Dreck sozusagen. Die meisten haben sich schon aufgegeben, werfen sich regelrecht weg. Die brauchen die Botschaft: „Auch ihr habt Würde, weil auch ihr Kinder Gottes, Ebenbild Gottes seid.“

Da hat es bei mir geklickert: Hatte nicht Jesus immer wieder gesagt: „Zu den verlorenen Schafen bin ich gekommen.“ Gehören die auf der Treppe, die auf der Platte, die unter den Brücken nicht dazu? Sind das nicht seine Lämmer?

Papst Franziskus versteht diese Aufgabe sehr direkt. Selbst hat er keine Berührungsängste. Er geht in die Gefängnisse, Behindertenheime und in die Quartiere der Ausgrenzung. Er sagt uns Christen, wir sollten den Geruch der Schafe annehmen, Gottesdienste in Blechgaragen, in Slums und am Rande der Städte feiern. Also auch die Ekelschranken überwinden zu den Menschen auf der Treppe, unter den Brücken, zu ihren Alkoholfahnen und all den anderen Gerüchen? Den Geruch der Schafe annehmen: Ach du liebe Güte. Gar nicht so einfach ist das. Der Geruch von Weihrauch ist mir bei einem Gottesdienst lieber.

Mit etwas mulmigem Gefühl in der Magengegend habe ich zugesagt, diesen Gottesdienst im Mai zu feiern. Wir haben ihn gemeinsam mit Mitarbeitenden der Caritas und dem Quartierlotsen vorbereitet.

Als der Tag des Gottesdienstes kam, waren treppauf, treppab mehr als 40 TreppenbewohnerInnen anwesend.

Mit Liedern wie *Sailing* oder der Liverpool-Hymne *You'll never walk alone* versuchten wir, die Herzen dieser Menschen zu erreichen. Eine Mitarbeiterin erzählte die Geschichte von der Jakobstreppe aus der Bibel. Jakob, ein Urvater Israels, war vor seinem Bruder Esau geflüchtet, weil er ihn um das Erbe des Vaters Isaak betrogen hatte. Nach wochenlanger Flucht war Jakob so erschöpft, dass er in der Steppe zusammenbrach und quasi ins Koma fiel. Da träumte er von einer Treppe in den Himmel, auf der Engel auf und niederstiegen. Oben am Ende der Leiter sah er Gott, der zu ihm sprach: „Den Platz, auf dem du liegst, will ich dir zu Heimat geben." Also, endlich kannst du ankommen in deinem Leben, brauchst nicht mehr vor Esau und vor dir selbst davonzulaufen. Als Jakob aufwachte, sagte er: „Gott war an diesem Ort, und ich wusste es nicht." (Gen 28,16)

Das war die Botschaft, die wir diesen Menschen in dieser Stadt am Rande des Ruhrgebiets mit auf den Weg geben wollten: Bei euch ist ganz viel Gewalt und Resignation. Aber auch Gott ist an eurem Ort, hier auf der Treppe, und ihr wisst es nicht. Er nimmt euch wahr, auch in eurer Verzweiflung und Ausweglosigkeit. Er will, dass ihr auf dieser Treppe Heimat habt.

Am Schluss standen einigen der Gottesdienstteilnehmenden Tränen in den Augen. Immer wieder wollten sie, dass wir die Liverpoolhymne einspielten, die sinngemäß die Botschaft vermittelt:

„Du wirst nicht allein sein.
Wenn du durch einen Sturm gehst,
hab‘ keine Angst vor der Dunkelheit.
Am Ende des Sturms gibt es den goldenen Himmel …“

Hatte nicht auch Jesus gesagt: Ich bin bei euch alle Tage bis ans Ende deiner Tage?

Als ich nach Hause fuhr, auch bewegt und mit ein bisschen feuchten Augen, da fragte ich mich: Was hat das alles mit Dir zu tun?

Manchmal sehe ich mich im Rückblick
auch auf einer Treppe,
Karriereleiter nach oben.
Wie sehr habe ich versucht,
Stufe um Stufe nach oben zu kommen
zu Erfolg und Ansehen.
Ausgezehrt, ermüdet hat es mich oft.
War Gott am Ende der Leiter?
Ich weiß es bis heute nicht.
Jetzt sehe ich mich wieder
auf einer Treppe,
auf der von eben,
mitten zwischen den Menschen
am Rande des Lebens,
als einer von ihnen,
erfolgreich oder erfolglos,

der gleiche Gott wartet oben auf uns,
befreit mich vom Wust meiner
Vorurteile und Kontaktschranken,
von Ängsten und Abwehrmechanismen:
‚Heiße nicht auch ich Mensch,
weil ich nach Erlösung dürste?'

Oster-Aufstand

Ist das Ostern?
Ein bisschen Halleluja in der Kirche,
Eier-Suche im Garten,
der freundliche Hase an der Haustür,
mit Kiepe, Pfeife und Hosenträgern,
Idylle in der blühenden Wiese,
vom Eise befreite Bäche?
Ja, das ist Ostern!

Aber auch das ist Ostern:
Auf-er-Stehen und Auf-Stand!
Aufstand für die Noch-Nicht-Toten,
die lebend schon gestorben sind,
weil sie nicht mithalten können
im Rausch von Konsum und Leistung,
die in so vielen Ländern der Erde
betrogen sind um österliche Freiheit,
die selbst den Aufstand wagen
in Hongkong, Belarus, Myanmar ...,
für den Wind der Veränderung,
der Verwandlung,
von der Angst in das Vertrauen,
der Erstarrung in die Bewegung,
der Gleichgültigkeit zur Begeisterung,
vom Lebendig-Tot-Sein zum Leben.

Auch das ist Ostern:
Wagnis und Aufstand,

freitags auf die Straße,
und sonntags in die Kirche,
für die Kostbarkeit des Wassers,
die Sauberkeit der Luft, die Du atmest,
den Segen der Erde, die Dich nährt,

Und noch mehr ist Ostern:
Aufbruch und Auf-Stehen
gegen eine Mentalität,
die den Tod abgeschoben hat
hinter Mauern in Heimen und Kliniken,
die die Toten tot sein lässt,
die nicht mehr aushält,
dass das Leben endlich ist,
weil sie die Hoffnung verloren hat
auf neue mystische Räume der Existenz,
und nicht mehr wagen will
die Entdeckungsreise in
das ewige Osterland
unverbrüchlich Liebe.

Ostern hat viele Facetten von Aufstand: Es erinnert an politische Aufstände gegen die Atomenergie in den Ostermärschen, Studenten-, Arbeiteraufstände für mehr Rechte, Aufstände gegen Apartheid für Gleichheit und Geschwisterlichkeit, gegen Diktatoren und Willkür, für Klima- und Umweltschutz ...

Ostern ist aber auch der Aufstand des Herzens für ein menschenwürdiges Leben und Sterben. Österliche Menschen finden sich nicht damit ab, dass

Krankheit und Gebrechlichkeit sich zurückziehen müssen hinter die Mauern der Spitäler, und die Toten aus dem Blickfeld geraten.

Ich erinnere mich an einen jungen Mann, der von seiner sechs Monate dauernden Ehe vier Monate am Bett und Rollstuhl seiner ALS-kranken Frau verbrachte. Mit welcher Intensität hing diese Frau am Leben! Welche Sehnsucht nach Zukunft hatte sie, welch stummen Protest gegen das unaufhaltsame Leiden – welche Hoffnung trotz allem!

Am Ende musste sie gehen und er sie gehen lassen. Aber für ihn war das kein Weg-gehen, sondern ein Über-Gang in das Osterland Shalom, ein Land des Friedens, wie er es nannte. Er hatte sie begleitet bis an die Grenze, bis an das andere Ufer. Und es war ihm, als hätte er sie übergeben in offene Hände und Arme. Vor und hinter der unausweichlichen Grenze gibt es österliche Menschen, Friedensmenschen.

Ostern stellt an uns die Frage: Was ist der Mensch? Einer, der angepasst ist an die kleinlichen Maßstäbe der Bedürfnis- und Erfolgs-Befriedigung, einer, der sich eine Zeit lang durchs Leben beißt und der dann ins Gras beißt? Ich als Lebender, lediglich ein Noch-Nicht-Toter? Einer, der sich alles Mögliche erworben und erarbeitet hat und am Ende doch nichts mitnehmen kann?

Wenn wir den Tod verdrängen und die Toten vergessen, dann leben wir nicht fortschrittlich und auch nicht gegenwartsbezogen, sondern in menschlicher Verkümmerung.

„Herr, lehre uns bedenken, dass wir sterben müssen, damit wir klug leben“ (Ps 90,12), so heißt es in der Bibel.

Nach unserem christlichen Glauben hat einer den Aufstand gewagt für ein kluges Leben im Angesicht der Endlichkeit: Jesus aus Nazareth.

Er hat den Aufstand gewagt und ist radikal mit 30 Jahren gescheitert, und steht doch auf in den Herzen von Millionen Menschen.

Er fordert uns heraus, den Menschen nicht eindimensional nach Verwertbarkeit und Nutzen zu taxieren, sondern als Ebenbild der ewigen Liebe zu begreifen.

Er gibt uns die Kraft, den Aufstand zu wagen wie „Prometheus, der den Göttern das Feuer stahl, um es den Menschen zu schenken“, damit Wärme, Nähe und Mitmenschlichkeit sie regiere und nicht anonyme Kälte.

Es ist klug, in dir diese Mitmenschlichkeit und Barmherzigkeit zu entdecken und zu entfalten.

Bleib gesund!

Grußformeln und Begrüßungsrituale haben sich in den Corona-Zeiten verändert. Zum Abschied sagt man weniger „Auf Wiedersehen, Tschüss oder Adieu", sondern in der Regel: „Bleib gesund."

Händereichen, sich Umarmen? Soviel Nähe ist verboten. Stattdessen rücken andere Sinne und Körperhaltungen in den Vordergrund. Man nickt sich auf Entfernung freundlich zu. Mich erinnert das an meine Kindheit, als mein Vater mich aufforderte: „Sag dem Onkel mal Guten Tag und mach einen Diener." Noch heute löst so viel Unterwürfigkeit in mir ein schales Gefühl aus. Ich will mich doch nicht klein machen und mein Gegenüber auf einen Thron heben.

Das freundliche Zunicken heute erlebe ich anders, eher auf Augenhöhe als achtsame und respektvolle Haltung. Beim „Diener" senkt man den Blick nach unten und begegnet dem anderen nicht. Erst auf Augenhöhe beginnen Blicke zu sprechen. Denn Blicke können fragend, suchend, flehend, skeptisch, klagend, verzweifelt sein. Manche Blicke sind voller Dankbarkeit, andere drücken Gleichgültigkeit oder Langeweile aus, nach dem Motto: Du bist mir egal.

Ich wünsche mir, dass meine Blicke auch mit den Augen des Herzens sehen lernen, damit sie Bedürftigkeiten von Menschen wahrnehmen, dass sie die Blicke der Kleinen und der sich klein Fühlenden nicht übersehen, dass sie hindurch schauen durch Oberflächlichkeiten und das Wesentliche entdecken, nicht nach Aussehen und Äußerlichkeiten urteilen, sondern nach Bedürftigkeit und Charakter, dass wir gemeinsam aus unseren Blicken ein Netz bilden, unter dem wir uns miteinander wohl fühlen können.

Auch Hände können sprechen, nicht nur durch körperliche Berührung. Ich hatte einen Freund, der war so krank, dass er nicht mehr sprechen konnte. Immer wenn er sich von Menschen wahrgenommen wusste oder Anerkennung aussprechen wollte, hob er den Daumen. Und er hob ihn ziemlich oft. Trotz großer Schmerzen und Nöte, fühlte er sich dann geborgen im Zusammenspiel von Worten, Blicken und Händen ihm gut gesonnener Menschen.

Auf der Straße sehe ich manchmal Menschen kurz die Hand zum Gruß heben. Sie drücken aus: Ich habe dich gesehen, du bist mir wichtig. Wir Menschen brauchen solche Gesten und Zeichen der Kommunikation wie das tägliche Brot. Denn wir sind und bleiben Gemeinschaftswesen.

Dem Wunsch „Bleib gesund“ erwidere ich in der Regel mit „Bleib heil oder werde heil“ und ernte bisweilen Verwunderung. Hin und wieder fragen einzelne nach: Was meinst du damit? Ich versuche zu erklären, dass es um mehr geht als den Schutz vor Viren. Das Wort ‚heil‘ verbindet sich mit Begriffen wie „gesund, ganz, unversehrt“, im englischen mit *whole* (ganz). Das also wünsche ich dem anderen, dass er heil und ganz bleibt in der Verbindung von Körper, Geist und Seele. Er möge ganz bleiben und nicht kaputt gehen an dem, was ihn im Leben oft so fertig macht. Wunden, Verletzungen mögen im wahrsten Sinne des Wortes „heil“ werden, heilen.

Verbunden ist der Wunsch „Bleib heil“ auch mit dem Wort ‚heilig‘. In der Seelsorge habe ich die Erfahrung gemacht, dass es Wunden gibt, die können rein menschlich nicht heilen. Dann versuche ich sie in die Sonne des heilenden und heiligen Gottes zu halten.

Einmal war ich zu einem Trauerbesuch bei einer Familie, die innerhalb eines Jahres zwei ihrer Mitglieder durch schlimme Unfälle verloren hatte. Ich versuchte mit den nächsten Angehörigen ins Gespräch zu kommen und spürte, dass meine Worte für meine Gesprächspartner nichts als leere Hülsen waren. Wortloses Schweigen und trostlose Blicke waren die Antwort. Am Ende gab ich meine Hilflosigkeit zu und sagte zu den Trauernden: „Ich bin ratlos, kann Ihnen keine Erklärung geben für das, was passiert ist und wie es für Sie weitergehen kann. Ich kenne im Moment nur einen Ausweg. Sollen wir Ihre lieben Verstorbenen Gott anvertrauen, dass er für sie sorgt?“ Da hoben sich die Blicke und die Hände legten sich ineinander, und ich versuchte mehr stammelnd als fließend so oder ähnlich zu beten: „Gott wir verstehen nicht, was passiert ist, und können auch nicht erklären, wo Du warst, als wir Dich am nötigsten brauchten. Aber blick auf diese Menschen, die so verzweifelt sind und lass sie Verbindung spüren zu denen, die sie verloren haben. Sieh ihre Ängste und Verzweiflungen. Höre ihren Ruf: Sie sollen es guthaben, unsere Verstorbenen …“

Natürlich frage ich mich in solchen Stationen immer: „Ist es Flucht in das Gebet, Abgabe der Verantwortung oder wirklich Hilfe für das Gegenüber." Der Funke eines göttlichen Trostes entzündet sich beim Gesprächspartner nur, wenn er in mir selber glimmt oder glüht. Ein Gebet darf nicht routiniert abgespult werden. Dann verdirbt es alles. Es muss sich verbinden mit der Lebenssituation der Menschen. Und dann stelle ich durchaus fest, dass es in Menschen religiöse Bedürfnisse gibt, auch wenn sie vielleicht schon seit vielen Jahren nicht mehr an einem Gottesdienst teilgenommen haben.

Es mag sein, dass sich die Menschen nach den Coronazeiten wieder mit dem kurzen Wort ‚Tschüs' verabschieden. Wie jeder Gruß hat auch dieser eine tiefere Bedeutung. Kommt doch das Wort ‚Tschüs' vom spanischen A-Dios, wörtlich übersetzt heißt das: „Zu-Gott". Dasselbe drückt die Formel A-Dieu aus: Zu Gott. Ist es nicht schön zu wissen, dass wir Menschen oft unbewusst das Gefühl haben, dass unser Lebensweg ein Ziel hat, das größer ist als wir, einen Ort, in dem unsere Verstorbenen jetzt schon aufgehoben sind?

Ein Kollege aus Süddeutschland erzählte, dass er auf die Formel „Grüß Gott", die in seiner Gemeinde noch sehr üblich sei, schon Mal antwortet: „Wenn ich ihn sehe." Einige lachen dann und fragen zurück: „Was soll das denn? Sehen Sie Gott?" Und er antwortet darauf: „Ja, jeden Morgen habe ich ein Rendezvous mit ihm. Ich spreche zu ihm und höre ihn dann nicht wie Don Camillo vom Kreuz oder aus der Wand antworten, aber in meinen Herzen verändert sich etwas in seiner Gegenwart, kommt mehr in Balance. Das ist seine Grußerwiderung. Ja, ich grüße Gott von Ihnen!"

Atme in mir, Geist der Zuversicht,
brenne in mir, Geist der Liebe,
wirke in mir, Geist des Mutes.

Es atmet in Dir

„Ich wollte wieder atmen können." Diese Antwort gab eine Ordensschwester im Kloster einer mitteldeutschen Stadt, als sie gefragt wurde: „Was veranlasst eine junge Frau wie Sie, in einen solch kontemplativen, beschaulichen Orden einzutreten?" Obwohl sie glänzend ein Studium abgeschlossen hatte und alle beruflichen Möglichkeiten vor ihr lagen, suchte sie nach einem Klima der Stille, der Gelassenheit und Tiefe, in der die Seele atmen kann. So gab sie zu verstehen.

Die Ordensgemeinschaft der Zisterzienserinnen, in die diese Frau eingetreten war, lebt im Tagesrhythmus von Ora et labora, bete und arbeite. Insgesamt sieben Gebetszeiten, die morgens um 5.00 Uhr mit den Vigilien, den Nacht-Wachen-Gebeten, beginnen und abends um 20.00 Uhr mit dem Abendgebet, der Komplet, enden, bestimmen den Tagesrhythmus. Dazwischen liegen Arbeit und Mahlzeiten. Das Klosterleben besteht aus langen Zeiten des Schweigens.

Kann man im Schweigen wieder atmen lernen? Ich werde nachdenklich und still und frage mich: „Was bedeutet mir mein Atem?" Mir wird bewusst, dass ich ungefähr 5000-mal am Tag atme. Das sind in einem Jahr ungefähr 1.825.000 Atemzüge. Und jeder Atemzug ist Geschenk des Lebens, nicht von mir gemacht. Es atmet einfach in mir.

Furchtbar ist es, wenn einem der Atem versagt und durch künstliche Beatmung ersetzt werden muss wie bei vielen Covid-19-Patienten.

Ein Mann mit der chronischer Atemwegserkrankung COPD, sagte mir einmal: „Es ist so viel Luft da, und ich bekomme kaum etwas davon mit."

Wie grausam ist es angesichts solcher Nöte, wenn ein Mensch einem anderen Menschen bewusst die Luft zum Atmen nimmt. „Ich kann nicht mehr atmen", war der Hilfeschrei des Farbigen George Floyd am 20. Mai 2020 in den USA, als ihm ein Polizist unter sein Knie zwang und die Kehle zuschnürte.

Im Radio hörte ich danach eine Pfarrerin, die sich in die Perspektive des Polizisten versetzte und sich fragte: „Wie schafft man das? Also, wie schaffe ich es, mich auf den Hals eines anderen zu knien, auf seinen Rücken? Wie schaffe ich es, das minutenlang zu tun? Wie schaffe ich es weiterzumachen, wenn ich höre, wie er fleht: ‚Ich kann nicht atmen', weiterzumachen, wenn aus dem Bitten ein Weinen, aus dem Weinen ein herzzerreißendes Stöhnen wird? Wie schaffe ich es weiterzumachen, wenn ich spüre, dass unter meinem Knie der Körper erschlafft? Wie schaffe ich es weiterzumachen, wenn Leute, die dabeistehen, mich anflehen aufzuhören?" (Landespfarrerin Petra Schulze, Morgenandacht WDR 5, am 20.06.2020)

Keiner von uns würde das schaffen. Das schafft man nur, wenn man sich selbst absolut im Recht weiß und den Menschen unter sich für ein Stück Dreck hält. In Deutschland haben wir vor 80 Jahren bis zum bitteren Ende der absoluten Katastrophe erleben müssen, was es heißt, wenn man sich auf Grund seiner vermeintlichen „Rasse“ für überlegen hält und andere Personen als Menschen unter sich, als Unter-Menschen betrachtet.

So etwas wie Apartheid oder Rassismus gibt es bei uns seit der Einführung des Grundgesetzes offiziell zwar nicht mehr, dennoch gibt es viele subtile Arten, dass Menschen anderen den Raum zum Leben und die Luft zum Atmen nehmen: Man kann einen Menschen „unter sich zwingen“, indem man ihn beruflich in die Enge treibt, fertigmacht, man kann ihn so lange durch den Kakao ziehen, bis er im öffentlichen Leben jedes Renommee verloren hat. Man kann einen Menschen links liegen lassen. Ihn passiv oder aktiv boykottieren. Man kann ihn spüren lassen: Nur ich bin der Tüchtige, der Nützliche. Man hält ihn klein, demütigt ihn ... Alltägliche Apartheid! Dagegen wendet sich der Jude Jesus mit aller schärfsten Worten, wenn er sinngemäß sagt: Wer zu einem anderen Menschen sagt, du Null, wer ihn also auslöschen will wie eine Zahl, soll dem Gericht verfallen sein. (n. Lk, 17,2)

Verachtung und Beleidigung sind in den Augen Jesu eine Form von Mord. Da wird nämlich auf der Seele eines anderen herumgetrampelt, bis es ihm die Kehle zuschnürt.

Im christlichen Glauben hat Atem auch immer mit der Seele, in der der Geist Gottes atmet, zu tun. Das Wort für Atem ist in der lateinischen Sprache dasselbe wie für Geist, nämlich *Spiritus*.

Die Schwester aus dem Kloster sagt: „Wenn ich mehrmals am Tag in Gott atme (bei den Gebetszeiten), dann erhebt das meine Seele. Wenn hier mitten in einer Stadt, in der die weitaus meisten Menschen konfessionslos sind, der Geist eines Klosters in Gott atmet, dann hat das auch Auswirkungen auf die Menschen in der Umgebung. Sie müssen nicht mehr ersticken in Leistung und Konsum. Viele wissen, dass wir Schwestern an sie denken und ihr Leben mit Gott verbinden."

Die drohenden Klimaszenarien und die wie „ein Dieb in der Nacht" über uns hereingebrochene Pandemie scheinen uns sprach- und atemlos zu machen. Manche Wissenschaftler in der Klimaforschung sind der Auffassung, bei einem „Weiter so" hätten unsere Nachkommen in 50 Jahren keine Luft mehr zum Atmen.

Damit es mir bei solch düsteren Zukunftsprognosen nicht den Atem verschlägt, frage ich das Leben:

Was willst du von mir, Leben? Und es wird antworten: Ich, das Leben, bin Schöpfung eines Schöpfers, und du bist sein Geschöpf. Wenn du beginnst in ihm zu atmen, dann wirst du nicht im Überfluss und im Abfall ersticken. Wenn für dich Sein wichtiger ist als Haben, Beziehungen zu Menschen und zu Gott bedeutender als Ansehen, Profit und Erfolg, dann lernst du den Reichtum eines erfüllten Lebens kennen, weil du mit allem vernetzt bist und aus der Tiefe lebst.

Um mit dieser Tiefe in Berührung zu kommen, könnte es eine gute Übung sein, jeden Morgen bewusst ein Gedicht, ein Gebet, ein Lied im Atemrhythmus zu sprechen.

Für das bekannteste Gebet der Christenheit, das Vater unser, brauchen Sie von 5000 Atemzügen am Tag nur 14. Versuchen Sie es einfach mal mit diesem Gebet. Stellen Sie sich an ruhigen Ort z. B. vor ein Fenster. Öffnen Sie die Hände, werden Sie still und konzentrieren Sie sich auf Atmung und Bitten. Atmen Sie nach jeder Bitte ein und sprechen Sie die nächste beim Ausatmen. Dieser Rhythmus kann Sie durch den Tag begleiten.

„Ich trage tausend Masken.
Und keine davon bin ich.“
(zitiert nach D. Sölle)

Maskenpflicht

Kürzlich erzählte eine Physiotherapeutin von ihren sehr veränderten Arbeitsbedingungen während der Coronazeit mit Maskenpflicht: „Wir, die Patientin und ich, müssen beide Maske tragen. Das hat zur Folge, dass ich auf dem Gesicht des Gegenüber kaum noch erkennen kann, wie meine Übungen wirken. Tun sie dem Menschen gut, schmerzen sie ihn? Allenfalls bemerke ich schon mal in den Augenwinkel eine Träne oder ein verhuschtes Lächeln. Das ist alles. Die Kommunikation ist wahnsinnig erschwert und reduziert.“

Hinter einer Maske kann man seine Gefühle und Emotionen verstecken. Dennoch bin ich erstaunt, wie schnell Menschen im Interesse des Schutzes vor dem Virus die Maskenpflicht akzeptiert und sich daran gewöhnt haben. Manche gehen sogar kreativ damit um, zeigen etwas von ihrer Identität, tragen eine blauweiße Maske, wenn sie aus Bayern kommen oder eine schwarzgelbe, weil sie Fußballfan von Borussia Dortmund sind. Meine Lieblingsmaske ist eine blaue mit kleinen Sternen darauf. Damit möchte ich den Menschen sagen, dass ich trotz der Ansteckungsgefahr und all den Unwägbarkeiten dieser Zeit den

Glauben an den Himmel, die Sterne, den Horizont, die Weite und die Freiheit noch nicht verloren habe.

Während ich das so locker dahinschreibe, frage ich mich, ob ich nicht genau diesen Glauben und all das, was mich innerlich bewegt, im Alltag meistens verstecke. Nach dem Motto, nach außen immer ein fröhliches Gesicht, aber wie es da drin aussieht, geht Niemand was an. Um nicht ein hämisches oder mitleidiges Grinsen zu ernten, sage ich nicht immer gleich, was ich von Beruf bin, dass ich also bei der katholischen Kirche arbeite, die viele für von gestern halten. Auch ich trage tausend Masken, zeige selten nach außen, wenn mir zum Heulen zumute ist, bewahre Haltung, eine Fassade, die mich schützt. Wer gibt schon auf die oft oberflächlich gestellt Frage nach der aktuellen Befindlichkeit eine ehrliche Antwort? „Wie geht es?" „Es geht!" „Na, dann geht's ja." Auf diesem monotonen Niveau bewegt sich häufig die Kommunikation über die Gefühle, weil man in der Regel keine Zeit hat, sich auf tiefere Schichten des Daseins einzulassen. Cool sein lautet das Hauptgebot in einer Gesellschaft, die auf Leistung im Akkordsystem ausgerichtet ist.

Auf der anderen Seite sind Masken oft notwendig, damit wir unsere Seele schützen können. Da fragt ein Lehrer einen Schüler vor versammelter Klasse: „Na, ist dein Vater gestern wieder betrunken nach Hause gekommen?" „Nein", antwortet der Schüler, „wir haben gestern Abend mit der ganzen Familie schöne Spiele gemacht." Die Wahrheit ist eine andere. Das

Kind lügt. Aber die Lüge ist seine Maske, ein notwendiger Schutz, damit die Seele sich nicht abgrundtief schämen muss. Wie nötig hätte dieser Junge einen Menschen, bei dem er auf Augenhöhe seine Maske fallen lassen könnte und alles herausweinen und -schreien kann, was ihn bewegt. Endlich mal nicht mehr cool sein ...

Von einer solchen maskenfallenden Begegnung habe ich im Buch der Bücher gelesen.

Es geschah in einem der nie zur Ruhe kommenden Länder im Nahen Osten zu einer Zeit, als an fließendes Wasser überhaupt nicht zu denken war, sondern Brunnen die einzigen Wasserspender waren. In den Dörfern und Städten dieses Landes ist es um die Mittagszeit so heiß, dass sie wie ausgestorben sind. Kein Mensch traut sich auf die Straße, nur solche, die sich sonst nicht sehen lassen können, gescheiterte, verzweifelte Menschen. So geschah es, dass in der Stadt Sychar in Palästina eine Frau zum Brunnen ging, die mit ihrem Leben völlig aus der Bahn geworfen war. Das Wasser stand ihr bis zum Hals. In der Öffentlichkeit durfte sie sich nicht blicken lassen, weil sie fünfmal geschieden war. In manchen dieser Länder, die z. B. von den Taliban mit den Gesetzen der Scharia regiert werden, ist Scheidung bis heute ein Todesurteil nur (!) für die Frau, wenn sie ihren Mann nach einer vielleicht langen Leidensgeschichte endlich verlässt.

Diese Frau in Sychar musste jeden Kontakt vermeiden. Darum ging sie um die Mittagszeit zum

Brunnen. Zu ihrer Überraschung saß da schon jemand und begrüßte sie freundlich, Jesus, der Rabbi aus Nazareth. Unter seine Augen durfte sie sich trauen, konnte sie ihre Masken ablegen. Er interessierte sich für die Scherben ihrer Biographie, die Abgründe ihres Lebens. Doch kam kein einziger Vorwurf von seinen Lippen, nur die Bitte: „Gib mir zu trinken." Die Frau wunderte sich. Sie, die sich als völlig wertlos fühlte, sollte ihm etwas zu geben haben?

Jesus spürte dieses Erstaunen und sagte liebevoll, fast zärtlich zu ihr: „Auch du hast Durst." Aber nicht nur nach diesem Wasser im Brunnen, sondern Durst nach dem Quellwasser deiner Seele, jener Quelle, an die nur noch deine Tränen heranreichen. Dein Durst ist die Sehnsucht nach einem endlich glücklichen Leben. Immer bist du damit gescheitert, mit dieser tiefen Sehnsucht. Und deshalb ist deine Seele jetzt so voller Tränen wie dieser Brunnen voller Wasser. Den Leuten darfst du das nicht zeigen. Da musst du cool sein, dich ewig verstellen, verstecken musst du deine Lebensbrüche. Sonst zerreißen sie dich zwischen ihren Zähnen, allein mit ihrer Sprache. Aber zu mir und zu den Menschen, die in meinem Geiste leben und handeln, kannst du immer kommen, dich frei fühlen. Ich begleite dich in kleinen Schritten auf deinem Weg zum Glücklichsein, zu deinem SELBST im Maskenspiel der Welt.

Wer bin ich
Im großen Spiel des Lebens?
Bin ich die Rolle, die ich spiele,
die Maske, die ich trage,
die Fassade, die mich verdeckt,
die Mauer, die ich unerbittlich verteidige,
das Geschwätz im oberflächlichen Ton?

Nach außen alles schön und adrett,
und innen ein zitterndes Kind,
verzweifelt auf der Suche
nach dem eigenen SELBST?
Wenn da doch einer käme,
mit SELBST-Bewusstsein,
sich also seiner selbst bewusst,
einer,
der mein kaltes Herz erwärmte,
meiner Seele Flügel gäbe,
durchbräche die Wand
der Selbstgefälligkeit und Show,
vor dem ich meine Maske
abnehmen und die Schattenwelt
verlassen dürfte;
gemeinsam würden wir das Leben
greifen und begreifen
und Schritte wagen auf dem
Weg zu meinem SELBST,
so wertvoll wie ein Edelstein,
das bin ICH,
das bist DU!

„Wenn ich Dich ansehe,
verliere ich meine Angst."

Angst späht aus allen Ritzen

Angst:
Schleichend ist sie da,
schon morgens auf dem Weg zur Arbeit
als Angst zu spät zu kommen,
dass einer dir die letzte freie Parklücke wegschnappt,
immer kommt sie zu dir, die Angst:
vor dem Chef, dem Zahnarzt, dem Therapeuten,
vor der Polizei, dem Vollzugsbeamten,
vor dem Virus, das auch dich erwischen könnte,
vor der nächsten Epidemie,
Angst, dass einer deine Lebens-Brüche entdeckt,
deine seelischen Verletzungen,
die kleinen Geheimnisse deines Doppellebens,
Angst vor dem Gefängnis,
vor einer unheilbaren Krankheit,
vor dem plötzlichen Tod.

Angst späht aus allen Ritzen, schaut aus allen Türen und Betten, wenn ich durch die Flure einer Klinik gehe, die Angst vor langsamem Ersticken, vor furchtbaren chronischen Schmerzen, vor der 7. Operation und einem möglichen Leben im Rollstuhl, vor Demenz nach der OP. Und dann staune ich, wie manche sich nicht hängen lassen, auch nach der Operation mit 90 Jahren wieder langsam laufen lernen, Übungen über sich ergehen lassen, innerlich nicht aufgeben und manchmal sogar lächeln und Danke sagen.

Ich bewundere auch die Ärzte, Schwestern, Pfleger auf der Palliativstation, der Klinik, dem Hospiz und in all den Heimen, die zu Hospizen werden; ich bestaune ihren Mut, den sie jeden Tag aufs Neue aufbringen. Weiß ich doch selbst als Seelsorger, wie schnell der Mut zum Pfeifen im Walde wird. Da werde ich z. B. gerufen zu einer nicht einmal 40-jährigen Frau, Mutter von Kindern, glücklichen Ehefrau, die ganz klar um ihr nahes Ende in wenigen Wochen weiß. Ich soll ihr Mut zusprechen, wie denn? Soll vielleicht beten mit ihr, in die andere Richtung des Lebens verweisen, auf den Himmel! Warum denn, wo doch diese Frau noch so sehr gebraucht würde von ihren Kindern, dem Mann, den Freunden? Ich stehe vor der Haustür und möchte doch am liebsten vom Erdboden verschwinden. Diese Angst vor Sprachlosigkeit, vor kaum auszuhaltenden, verzweifelten Fragen! Die Kehle trocken, die Sprache gelähmt kann ich nur stammeln: „Gott, wer du auch bist, drück mit mir auf diese Haustürschelle, geht mit mir über die Schwelle. Eine andere Kraft habe ich nicht."

Trägt dieses Vertrauen in eine Macht, die außerhalb unseres Daseins für uns da ist? „Tiefer als die Angst ist das Vertrauen." Unter der Ur-Angst liegt das Ur-Vertrauen. So stellt die Therapeutin, Sterbeforscherin, Seelsorgerin Monika Renz nach mehr als 30 Jahren Therapie und Seelsorge an Sterbebetten fest und begründet es durch Erfahrungen und wissenschaftliche Erkenntnisse. (vgl. Monika Renz, Angst verstehen, Freiburg 2018)

Selbst habe ich diese These bestätigt gefunden, als ich mit einem Mann von über 90 Jahren sprach, der in schwerster Zeit des Krieges Franz Stock persönlich in Frankreich erlebt hatte. Franz Stock war ein Priester aus Neheim-Hüsten, der während des zweiten Weltkriegs in den Pariser Gefängnissen unzählige Gefangene auf dem Weg zur Hinrichtung begleitet hatte. Unglaubliches hatte Franz Stock dort zu tun. Er verbrachte die letzten Lebenstage mit Frauen und Männern, die von deutschen Soldaten exekutiert, erschossen werden sollten. Er wird an Orten gewesen sein, die wie die Hölle waren. Die Angst wird dort zu riechen gewesen sein, sie quoll aus allen Poren und Ritzen dieser dreckigen Zellen. Welche Verzweiflung, unbändige Wut, abgrundtiefe Furcht werden ihm entgegengeschlagen sein. Franz Stock war eine Stimme der Milde, des Verstehens in einer Welt, in der nur geschrien, getreten und geschlagen wurde. Milde, sagte mein Gesprächspartner, sei seine Salbe für die wunde Seele gewesen. Es sei vorgekommen, dass Gefangene Abbé Stock baten, sich bei der Exekution hinter das Erschießungskommando zu stellen. Einer sagte zu ihm: „Wenn ich Sie sehe, verliere ich meine Angst."

Mein über 90-jähriger Gesprächspartner war der Ansicht, dass die zum Tode Verurteilten das Gefühl hatten, über das Gesicht Abbé Stocks das Antlitz

Gottes und damit ihre Zukunft nach der Hinrichtung zu sehen.

Aufgezehrt und erschöpft von seinem Einsatz starb Franz Stock schon mit 44 Jahren 1948 in Paris.

Kann das Gesicht eines Menschen auch ohne Worte einem anderen Mut machen, der sich unsicher, in Angst und Schrecken fühlt? Es gibt Menschen, die betreten einen Raum und schon verändert sich die Stimmung. Sie strahlen einfach Hoffnung aus. In ihnen gewinnt Gott ein Gesicht. Andere bleiben bei Menschen in Not, halten ihre Hand oder halten sie durch ihren Blick. Gerade in solchen Situationen können unsere Augen mehr sagen als tausend Worte.

Nelson Mandela, der 28 Jahre seines Lebens im schlimmsten Gefängnis Südafrikas verbrachte, hat von sich einmal gesagt: „Als ich meine Angst verlor, spürte ich, dass andere in meiner Umgebung ebenfalls ihre Ängste verloren." Man wusste, dass Mandela ganz tief in seiner methodistischen Kirche und seinem christlichen Glauben verwurzelt war. Wenn er bei Gerichtsverhandlungen oder Schikanen durch die Polizei die Opfer intensiv anschaute, wuchs in ihnen der Mut, wurde die Angst kleiner.

Gott hat ein Gesicht,
wenn in einer lauten Welt
stille Blicke sich erheben,
dir am Grab eines lieben Menschen
liebevoll und achtsam zublinzeln,
wenn dein Kind weint und
Trost in deinen Augen sieht.

Gott hat ein Gesicht,
wenn Du gefangen in deinen Vorurteilen
plötzlich Versöhnung und Liebe spürst,
wenn sie aufhören, über dich herzuziehen,
dir verächtliche Blicke zuzuwerfen
und deine Würde zu missachten.

Gott hat ein Gesicht,
wenn du nicht mehr mit den Augen rollst,
um das Gefühl deiner Minderwertigkeit
zu kompensieren durch Gleichgültigkeit
und Langeweile anderen gegenüber,
wenn du niederlegst die Waffen deiner Blicke.

Weil Gott ein Gesicht hat,
bist Du keine Nummer,
musst Du nicht mehr kämpfen,
hast Du Heimat im Leben.
Denn er sagt zu dir:
„Fürchte dich nicht,
ich bin bei Dir alle Tage
bis ans Ende der Welt."

Die dem Gewissen folgen, retten die Welt,
durch die Gewissenlosen wird sie entstellt.

Wie soll ich leben?

„Gedanken am Abend meines Lebens." So nannte der Chefarzt einer Klinik wenige Monate vor seinem Tod Aufzeichnungen, die er seiner Familie und seinen Freunden wie eine Lebensbilanz hinterließ. Darin führte er aus, dass er sich als junger Mensch noch vor dem Abitur die Frage gestellt habe: „Wie soll ich leben? Was macht die Existenz meines persönlichen Lebens aus?"

Vor ihm stand die Entweder-Oder-Frage aus der Existenzphilosophie: „Will ich ein Leben führen in Unverbindlichkeit und Genuss des Vorhandenen nach der Devise ‚Hauptsache Ich?'

Oder möchte ich die Zeit meines Lebens gestalten in Verbindlichkeit und in Verantwortung vor dem Nächsten und dem Ganzen?"

Weil er am Ende sein ihm bestimmtes Leben nicht verfehlen wollte, habe er sich für die zweite Variante, also für ein Leben in Liebe und Verantwortung entschieden. Letztendlich habe dieser Prozess zu der Entscheidung geführt, Arzt zu werden.

Die Frage „Wie sollen wir leben?" steht in dieser dramatischen Zeit nach dem Einbruch der Pandemie in allen Zeitungen. Sie schaut und spricht uns an von den Bildschirmen, ist Inhalt zahlloser Diskurse, geht durch unsere Träume und beschäftigt uns am Arbeitsplatz. Plötzlich wird deutlich, dass wir Menschen alle miteinander verbunden sind. Denn die MüllarbeiterInnen in den Slums von Manila tragen genauso Mund- und Nasenschutz wie die Spekulanten an der Börse in Frankfurt. Alle sind vom gleichen Virus bedroht, sind gleich-wertig. Wie soll es weitergehen?

Im antiken Griechenland gingen die Menschen mit solchen Lebensfragen zum Orakel in Delphi. Dort lasen sie als erstes über dem Apollotempel die Inschrift: „Erkenne dich selbst!" Manche Philosophen deuteten diesen Satz so: „Nimm wahr, dass du nur ein kleiner Teil der Weltgeschichte bist in einem sehr begrenzten Zeitraum. Bleib in den dir gesetzten Grenzen."

Ist das nicht das Problem unserer Zeit, dass wir ständig Grenzen überschreiten, weil wir unbegrenzt leben wollen und uns deshalb viel mehr von der Natur, der Schöpfung und anderen Menschen nehmen als wir eigentlich brauchen? Die Verantwortung vor dem Ganzen gerät dabei aus dem Blick.

Das Orakel appelliert an eine Instanz in uns, die möglicherweise schon sehr tief verschüttet ist, die wir Gewissen nennen. In der altgriechischen Sprache heißt Ge-Wissen *Syn-eidesis*, in der lateinischen *Con-scientia*. Wörtlich übersetzt bedeuten beide Begriffe so etwas wie Zusammen-Denken. Tief in uns liegt also das Wissen, dass das Leben nur in

Zusammenhängen, also in Verantwortung vor dem Ganzen gelingen kann. Das ist unsere eigentliche Identität. Für diese ganzheitliche Identitätssuche nenne ich ein Beispiel:

Mit einer Schülergruppe haben wir einmal über das Gewissen und die Entweder-Oder-Frage der Existenzphilosophie gesprochen und sie auf das konkrete Leben hin befragt. Jemand sagte: „Für mich heißt diese Frage heute „Teilen oder shoppen". Esse ich noch Schokolade aus dem Aldi und trinke weiterhin Coca-Cola, obwohl ich weiß, dass beides unter menschenunwürdigen Bedingungen hergestellt wird, oder teile ich und unterstütze den fairen Handel, auch wenn er mehr kostet. Kaufe ich weiterhin Klamotten im Discounter, die in Fabriken hergestellt werden, die über den Näherinnen zusammenbrechen, oder versuche ich mit genau diesen Frauen und Mädchen zu teilen?

Ich habe die Wahl des „Entweder-Oder": „Will ich weiterhin Sklave von Billigprodukten sein oder möchte ich mit weniger Konsum freier und gerechter leben gegenüber meiner Mitwelt und der ganzen Schöpfung?"

Doch woher die Kraft nehmen, dem Gewissen zu folgen und das Leben an verschiedenen Punkten zu ändern? Nach dem Orakel von Delphi aus der Tatsache, dass es nicht nur dieses Leben gibt. Damit fällt der Zwang weg, dass man in dem doch sehr begrenzten Leben auf diesem Planeten alles gelebt haben muss. Es gibt noch ein anderes viel größeres Leben.

Älterwerden ist deshalb keine Katastrophe, sondern Annäherung an das Ganze, an das eigentliche Leben. Der Tod ist kein Absturz in einen letzten furchtbaren Abgrund, sondern Verwandlung in die Vollständigkeit, in die Fülle des Lebens hinein.

Der Barockdichter Angelus Silesius hat dafür folgende Verse gefunden: „Mensch werde wesentlich, denn wenn die Welt vergeht, dann fällt der Zufall weg, das Leben, das besteht." Wir wissen doch, dass diese deutsch-amerikanische Wohlstandskultur uns zugefallen ist, und irgendwann wieder wegfällt. Also unsere Autos, die Supermärkte, die analoge und digitale Industrie, die Bankkonten, die Leistung, die guten Noten, alles, was jetzt so viel Kopfzerbrechen bereitet, fällt irgendwann weg. Was übrig bleibt, ist das Wesen. Dahinter steht die Überzeugung, dass es in uns einen inneren Kern gibt, der unzerstörbar ist. Nenn ihn Wesen, Identität, Gewissen oder Seele. Ganz und heil wird der Mensch erst, wenn er glaubt, dass es für ihn noch eine andere Heimat gibt, dass das letzte Lebensziel heißt: Einssein mit Gott. Das sei, so schreibt der erwähnte Arzt „am Abend seines Lebens", jene grenzenlose Geborgenheit, die Menschen so schmerzlich vermissen. Über viele Jahre des Lebens hat sich das Bild von Gott vielleicht mit Angst oder Gleichgültigkeit verbunden. Aber am Ende spüre man, ob gläubig oder Atheist, doch eine Sehnsucht nach Hingabe und Führung in seine Nähe.

So sollen wir also leben: Im Vertrauen auf eine letzte Instanz des Glücks.

„Das Ende ist gut,
und wenn es nicht gut ist,
ist es nicht das Ende."
(Oscar Wilde zugeschrieben)

Wo sind unsere Toten?

Wenn – wie in Zeiten der Pandemie – die Zahl der Toten täglich durch die Medien gemeldet wird, erhebt sich unwillkürlich die Frage: „Wo sind sie geblieben?" Dietrich Bonhoeffer ist der Meinung, dass dies die unersättlichsten Fragen des Menschen seien: „Wo sind unsere Verstorbenen? Wo werden wir selbst sein, wenn wir gestorben sind?"

Man möchte sie geradezu direkt ansprechen: „Wo seid ihr, ihr Toten, ihr Lieben? Schweigend seid ihr von uns gegangen. Seid ihr im fernen Land, das uns fremd ist? Warum sprecht ihr nicht? Musstet ihr die endlose Wanderung antreten von diesem Leben zu einem anderen? Oder seid ihr zurückgeblieben in der kalten, dunklen Nacht des Grabes? Ist euer Tod ein müder Schlaf, ein dumpfes Dahindämmern? Müsst ihr umherirren in qualvoller Rastlosigkeit? Sehnt ihr euch nach Heimat, nach Liebe, nach Geborgenheit? So sprecht doch, ihr Toten, ihr Lieben." (Vgl. D. Bonhoeffer, Predigten 1925-33, München 1984, S. 394)

Sie sprechen nicht, so gerne wir auch von ihnen hören würden, dass es ihnen gut geht. Im Laufe der Jahrzehnte meines priesterlichen Lebens habe ich an vielen Gräbern gestanden. Immer war sie unausgesprochen da, die Frage: „Wo bist Du?" Das Beerdigungsritual gibt keine Antwort. Es besteht aus Bitten, Dankesworten und Wünschen für die Verstorbenen und die Zurückbleibenden. Der katholische Ritus endet oft mit dem Satz: „Herr gib unseren Verstorbenen die ewige Ruhe. Und das ewige Licht leuchte ihnen."

Jedes Mal frage ich mich: „Brauchen unsere Verstorben diese Bitte? Sind sie ruhelos, unruhig, unstet wandernd?" Kürzlich nahm ich an einer Rosenkranzandacht teil, die mit der Bitte endete: „Und erbarme dich der armen Seelen im Fegefeuer." Sind die Verstorbenen arme Seelen, die keine Erlösung finden können? So, wie man sich das im Mittelalter und noch bis in unsere Zeit vorgestellt hat, dass sich die Verstorbenen in einer Art Zwischenraum befinden, bildlich gesprochen im Fegefeuer? Von dort aus, so glaubte man, könnten sie sich den Menschen zeigen. Sie erscheinen wie Geister, schleppen sich durch die Dunkelheit unserer Nächte, begegnen uns im Traum, sind irrende Lichter, Wesen, die unser Gebet bedürfen, damit sie endlich Ruhe finden?

Die Vorstellung, dass zwischen dem Diesseits und dem Jenseits eine unsichtbare Zwischenwelt existiert, ist in allen Kulturen zu Hause. Und darum gab es unglaublich viele Rituale, die dafür sorgen sollten, dass die Verstorbenen den Weg aus dieser Zwischenwelt in die ewige glückliche Welt Gottes finden mögen. Meine erste Erinnerung an ein solches

Totenritual hatte ich mit vier Jahren, als ich erlebte, wie unser Nachbar im Dorf gestorben war und auf der Deele des Bauernhofes aufgebahrt wurde. Jeden Abend der drei Tage vor der Beerdigung versammelten wir uns um den Sarg, knieten nieder und beteten den Rosenkranz. Ich kann mich noch erinnern, dass ich dann anschließend oft Angst hatte, im Dunkeln auf die Deele zu gehen, weil ich dachte, ich würde dem Verstorbenen dort als Geist begegnen.

Wie gehen wir heute in Zeiten absoluter Aufklärung und Digitalisierung mit solchen Vorstellungen um? Wenn wir in die Bibel schauen, dann geht es nach dem Tod nicht mehr um Unruhe, auch nicht um Angst und Bedrohung, sondern allein um Erlösung und Befreiung aus oft unsäglichem Leid. Unruhe und Angst ergreifen den Menschen nicht nach, sondern vor dem Tod im Prozess des Sterbens. Da kommt er nicht zur Ruhe und Angehörige sitzen oft ohnmächtig daneben: „Wenn Gott ihn doch endlich holen würde!" Unruhe ergreift den Sterbenden, weil er vielleicht noch mit anderen Menschen eine Rechnung offen hat und auf Vergebung wartet. Da kann ein Gespräch beruhigen oder ein ins Ohr geflüstertes Gebet. Mit dem Augenblick des Todes betritt ein Mensch nach unserem Glauben den Raum des Friedens, der Versöhnung, nimmt er teil am Zustand überbordender Liebe, in der wir uns eines Tages im Glück wiedersehen. Die Unruhe, die Fragen bleiben zumeist bei den Angehörigen zurück. Und darum müssten wir eigentlich beten: „Herr gib uns, den Zurückbleibenden,

Ruhe und Erlösung von offenen Fragen, Konflikten und umherirrenden quälenden Erinnerungen."

Das Fegefeuer erleben sterbende Menschen vielfach vor dem Tod in unaushaltbaren Schmerzen und seelischen Abgründen. Im Tod sind sie frei. Das zeigt mir eindrücklich eine Szene am Kreuz Jesu, die der Evangelist Lukas beschreibt. Einer der Verbrecher, die neben Jesus gekreuzigt waren, wahrscheinlich doch ein Mörder, bittet ihn: „Jesus, denk an mich, wenn du in dein Reich kommst." Und Jesus antwortet nicht: „Erst musst du vor ein strenges Gericht, dann ins Fegefeuer. Danach kommst du wahrscheinlich in die Hölle, weil du so viele Verbrechen begangen hast." Er antwortet schlicht und einfach: „Noch heute bist du bei mir im Paradies." (Lk 23,43) Jesus stellt keinerlei Bedingungen. Allein die Sehnsucht des Mannes nach einem Leben in Harmonie, endlich ohne Brüche und Scherben reichen für den Eintritt ins Paradies.

Bisweilen werde ich gefragt: „Woher wissen Sie, dass es das Paradies, also ein Leben nach dem Tod gibt?" Ich weiß es von Jesus und dieser Szene am Kreuz. Hätte er sein Leben in so radikaler Weise gegen die politischen und religiösen Instanzen seiner Zeit für Frieden und Gerechtigkeit aufs Spiel gesetzt, wenn er nicht die Gewissheit in sich getragen hätte, dass das eigentliche Leben viel größer ist als der Tod? Gleiches gilt für Menschen, die in seiner Folge dasselbe Risiko auf sich nahmen, bis hin zu manchen Zeugen der NS-Zeit: Maximilian Kolbe, Edith Stein,

Sophie Scholl, D. Bonhoeffer, Alfred Delp u.a. Aus vielen ihrer Zeugnisse wissen wir, dass sie den Mut zum Abenteuer ihrem Glauben verdankten, dass ein unzerstörbarer Kern in jedem Menschen lebt, dass es ein Leben gibt, an das der Tod nicht heranreicht.

Ich weiß es aber auch aus viel kleineren Zeugnissen. Vor etlichen Jahren habe ich einen Freund im Sterbeprozess begleitet. Einen Tag vor seinem Tod sagte er unvermittelt: „Ich glaube, ich werde bald sterben." Ich fragte zurück: „Und wie stellst du dir das dann vor?" Seine Antwort: „Da steht dann meine Mutter und holt mich ab."

Wo sind unsere Toten? Wo werden wir selbst sein, wenn wir gestorben sind? Bonhoeffer glaubte: Wir werden Gott sehen und wir werden uns wiedersehen.

Himmel ist kein Saal über den Sternen mit goldenen Thronen und nektartrinkenden Engeln, sondern der Zustand überbordender Liebe.

Ich wünsche dir die Schönheit des Frühlings,
nachdem Corona so hart und so lang.

Ostern muss stattfinden!

Als im März 2020 die erste Welle der Coronaepidemie ausbrach, wurde ganz Deutschland heruntergefahren und in weiten Teilen geschlossen. Auch die Gottesdienste mussten ausfallen, selbst zu Ostern.

„Das ist ja noch nie passiert", regte sich in einem Dorf im Paderborner Land eine alte Frau auf, „selbst 1945 nicht, als zu Karsamstag die Amerikaner in unser Dorf einmarschiert waren. Wir haben am Sonntag trotzdem die Ostermesse gefeiert. Es war die innigste Messe meines Lebens. Alles, was Ostern ausmacht, war plötzlich da: Endlich kein Krieg mehr, endlich Frieden."

In der Woche vor Ostern im letzten Jahr fragte ich mich: Was jetzt tun? Auch ich hatte Ostern noch nie ohne Gemeinde und feierlicher Osterliturgie begangen. Es kam mir der Gedanke: Warum machst du es nicht wie die Frauen, von denen die Ostergeschichte erzählt? Sie blieben nicht stecken in ihrer Ratlosigkeit. Sie machten sich in der Nacht ihrer tiefsten Trauer auf den Weg zum Grab und kamen an, als der Morgen gerade dämmerte. „Geh den Weg dieser Frauen, geh zum Friedhof", sagte meine innere Stimme.

Ich schaute im Kalender nach, wann zu Ostern 2020 die Sonne aufging. Morgens gegen 5.30 Uhr, las ich. So fuhr ich gegen 5.00 Uhr zum Friedhof des Dorfes, in dem ich die letzten Jahre die Osterliturgie gefeiert hatte. Zuvor hatte ich die Küsterfamilie gebeten, auf dem Friedhof ein kleines Osterfeuer zu entfachen und die neue Osterkerze mitzubringen.

Zu dritt entzündeten wir die Osterkerze, sprachen das Osterlob und erzählten die Ostergeschichte. Plötzlich hallte die Stimme des Engels, der den Frauen am Grab begegnete, in meinem Inneren wider mit der Frage: „Was suchst du den Lebenden bei den Toten? Er ist nicht hier. Er ist auferstanden." Mir wurde bewusst, dass diese Botschaft heute all den Tausenden von Menschen gilt, derer man hier auf diesem Friedhof und allen Friedhöfen dieser Erde gedenkt.

Ich dachte: Ich bin ziemlich allein hier und doch nicht allein. Da standen sie mir plötzlich vor Augen, die Menschen, die ich im letzten Jahr auch auf diesem Friedhof zu Grabe begleitet hatte: Der Mann von 46 Jahren, der so plötzlich aus dem Leben gerissen, die alte Frau, die mit 88 Jahren friedlich eingeschlafen war und viele mehr. Aber auch meine eigenen scheinbar verlorenen Beziehungen kamen mir in den Sinn: Die verstorbenen Eltern, FreundInnen, alle, zu denen ich je einen Draht hatte. Sie alle waren an diesem Ostermorgen dabei. Dann ging die Sonne auf, warf ihre ersten Strahlen durch die lockere Wolkendecke. Diese Osterbotschaft, die die Natur hier zum Ausdruck brachte, können Worte nicht vermitteln: „Die Menschen, die uns verlassen haben, sind einem neuen Morgen ihres Lebens entgegengegangen."

Materiell sind sie zurückgeblieben in der Asche und im Staub der Gräber. Aber mit ihrer Person sind sie nicht in den Gräbern, sind sie in unseren Herzen und auferstanden in den Morgen der Liebe Gottes hinein. Wir haben die Osterkerze dann in die Kirche getragen. Da steht sie immer noch und erinnert mich jedes Mal an konkrete Menschen, die verstorben sind und die ich nicht vergessen will, weil ich sie wiedersehe in der ewigen Neuwerdung des Lebens.

In den Wochen darauf erzählte ich diese Erfahrung anderen Menschen und stellte fest, dass etliche von ihnen auch nicht damit leben wollten, dass Ostern 2020 nicht stattfand. Manche Familien hatten in der Osternacht in ihren Gärten ein Osterfeuer entzündet, ebenfalls die Ostergeschichte erzählt und Osterlieder gehört. Unisono war die Rückmeldung: So intensiv haben wir Ostern noch nie erlebt.

Die Auferstehung ist das absolute Zentrum unseres christlichen Lebens. Ohne diesen Glauben gäbe es uns Christen nicht. Der Apostel Paulus drückt es so aus: „Ist aber Christus nicht auferweckt worden, dann ist unsere Verkündigung leer und euer Glaube sinnlos." (1 Kor 15,14)

Warum ist dieser Glaube so zentral? Weil er auf die tiefe Sehnsucht des Menschen nach Leben für immer eine Antwort gibt. Der Dichter C.S. Lewis schreibt: „Es gibt kein Verlangen, auf das es keine Entsprechung gibt."

Eugen Drewermann führt als Zeichen für die Wahrheit der Auferstehung das Bild von einem Wanderer in der Wüste ein. Man stelle sich vor, dieser Wanderer hätte noch nie Wasser gesehen. So würde ihm doch sein Durst sagen, dass es Wasser geben muss. Was zieht uns denn in der Osternacht auf den Friedhof, in die Gärten, die Kirchen? Was ließ Menschen vor fast 80 Jahren in den Trümmern der Häuser und den Ruinen der Hoffnung und der Humanität nach Gottesbegegnung verlangen? Es ist der Durst nach Leben, und zwar nach einem nie endenden Leben. Keine Religion vermittelt diesen Glauben so bedingungslos wie die christliche: Erlösung ohne Vorbedingung, ohne jede Form von Leistung und Abrechnung.

Allerdings geht es bei der Osterbotschaft nicht nur um unsere Existenz nach dem Tod, sondern auch um die Art und Weise, wie wir Menschen in diesem Leben miteinander umgehen. Denn das größte Geschenk des Auferstandenen ist Frieden. Das hatte ja schon die Frau zu Ostern 1945 erfahren. Der Evangelist Johannes erzählt eindringlich, dass der auferstandene Christus in die Mitte der in Angst verschlossenen und verzweifelten Jünger trat, ihnen seine Verletzungen an Händen, Füßen und im Herzen zeigte und sprach: Friede mit euch. Dann hauchte er sie an. (vgl. Joh, 20,19.21)

Er haucht also seinen Geist des Friedens auch in uns, seinen heutigen Christen regelrecht ein. Friede ist also keine moralische Verpflichtung, sondern das Ostergeschenk der Erlösung. Wenn wir wirklich glauben könnten, dass wir schon erlöst sind, würde Zu-Frieden-Heit in unser Herz einkehren und damit auch Frieden mit den anderen.

So schmerzlich vermisst man in Coronazeiten, dass wir uns diesen Frieden nicht durch körperliche Nähe, durch Umarmung, Kuss oder Händedruck mitteilen können. Meine Wünsche zu dem Osterfest dieses und der folgenden Jahre sind daher:

Ich wünsche dir ein Fest der Auferstehung
Mitten im Leben, am helllichten Tag,
Ich wünsche Dir die schöne Erfahrung,
Dass Traurigkeit ein Ende hat.

Ich wünsche dir ein Fest der Auferstehung
Mitten im Streit, nach langem Schweigen,
Ein offenes Herz für Trost und Vergebung,
Frei dich zu wagen in den festlichen Reigen.

Ich wünsche Dir die Schönheit des Frühlings,
Nachdem Corona so hart und so lang,
Dass die Quelle der Freude in Dir neu entspringt
Und fortträgt die alte, so tiefe Angst.

Ich wünsche Dir auch Zeit für den Glauben,
Zeit nicht zum Hasten oder zum Rennen,
Zeit zum Staunen und zum Vertrau‘n,
Zeit zum Zu-Frieden-Sein-Können.

Ich wünsche Dir ein Fest der Auferstehung,
Mitten im Tod, - in Deinem Sterben,
Hoffnung auf Gottes große Verheißung,
dass Leben sich wandelt im stetigen Werden.

„Meine Gegner können mich töten,
aber schaden können sie mir nicht."
Sokrates

Geimpft, aber nicht unsterblich

Als ich zum ersten Mal eine Reise antrat zu unserer Partnerstation, einem Hospital im afrikanischen Land Ghana, da musste ich das ganze Impfprogramm über mich ergehen lassen: gegen Hepatitis über Gelbfieber bis zu Meningokokken. Denn die Westküste Afrikas gilt als die gesundheitlich gefährlichste Region der Welt. Ohne Impfung durften wir nicht aus- und einreisen. Von der Gelbfieberimpfung war mir tagelang richtig schlecht.

In Ghana selbst traf ich viele Menschen, die von verschiedenen Krankheiten infiziert und in der Regel nicht geimpft waren. Die meisten leben z.B. mit Malariabakterien und müssen oft heftige Fieberschübe ertragen, auch die deutschen ÄrztInnen und Ordensschwestern. Fast schämte ich mich ein wenig, dass ich als Westeuropäer auf der sicheren Seite war, gegen Malaria zwar nicht durch Impfstoffe, aber durch Akutmedikamente geschützt, die man für einen begrenzten Aufenthalt einnehmen kann.

Nachdem auch in Deutschland durch das Coronavirus eine pandemische Bedrohung aufgetreten war, entwickelten Forschungsinstitute mit einer riesigen Geschwindigkeit neue Impfstoffe gegen Covid 19.

Manche feiern diese als moderne Heilsbringer, als Licht am Ende des Tunnels.

Wo sehen Menschen dieses Licht, die nie eine Chance auf einen Impfstoff haben. Allein an Malaria erkranken jedes Jahr 200 Millionen Menschen, und ein brauchbarer Impfstoff ist immer noch nicht entwickelt.

Ich fragte die afrikanischen Freunde: „Wo ist Licht für euch?“ Sie vertraten diese Meinung: „Endgültige Lebenssicherheit bringen uns Impfstoffe nicht. Bei uns sterben so viele Menschen in frühen Jahren. Wir leben hier in Hütten, die bei jedem schweren Sturm zusammenbrechen. Leben ist immer Leben im Provisorium, höchst zerbrechlich. Sicherheit gibt uns nur das Vertrauen in unsere große Familie, in Menschen, die zu uns halten und in Gott, der unser guter Vater ist und für uns sorgt, auch wenn wir sterben.“ Und die deutsche Krankenschwester ergänzte. „Ohne diesen großen Vorrat an Hoffnung in mir, ohne diesen unerschöpflichen Glauben an die Auferstehung könnte ich so viel Leid und Tod nicht ertragen, wie ich es hier in Ghana erlebe. Das alles hier kann nicht das letzte Wort des Lebens sein.“

Eine Grunderkenntnis der Philosophie lässt sich auf den Nenner bringen: „Unser Leben ist ein ‚Sein zum Tode‘.“ Es ist so menschlich, dass wir diese Tatsache gern ausblenden. Aber auch die besten Impfstoffe und Medikamente können den Tod letztlich nur hinauszögern, aber nicht verhindern. Darum beneide ich die afrikanischen Freunde um diesen selbstverständlichen Glauben, dieses unantastbare nicht in Frage zu stellende Vertrauen in eine mütterliche und väterliche absolute ewige Instanz des Lebens.

Es hat mich erinnert an Sokrates, den großen Philosophen und Vater des abendländischen Denkens, von dem unter anderem Platon erzählt. Im Jahre 399 v. Chr. machte man Sokrates den Prozess, angeblich wegen Gotteslästerung und Verderbens der Jugend, die er eigentlich nur zum selbstständigen Denken anregen wollte. Sein Freund und Schüler Kriton besuchte ihn im Gefängnis und wollte ihm zur Flucht verhelfen. Sokrates lehnte ab, unter anderem mit folgender Begründung. Er sagte: „Sie, meine Ankläger, können mich zwar töten, aber schaden können sie mir nicht." Ein rätselhaftes Wort ist das. Sokrates begründet es nach Platon an einer Stelle so: „Der Tod als Übergang, Übersiedlung der Seele an einen anderen Ort ist etwas Gutes. Denn dann sehe ich dort all die anderen Verstorbenen wieder. Und was gäbe es Schöneres, als all die feinen Kerle zu treffen wie Orpheus oder Homer und die vielen, die mir freundlich begegnen und das Leben erklären." Das also meinte Sokrates: Die Würde, die Seele können sie mir nicht nehmen.

Für uns kann diese Lebenshaltung bedeuten, dass das Virus uns krank machen und sogar töten kann. Und so viele Menschen hat es bereits getötet. Aber es kann der Seele nicht schaden, denn die ist letztlich auf Beziehung zum Göttlichen und auf ein

Wiedersehen mit den Verstorbenen, also auf Unendlichkeit angelegt.

Wie eine Erlösung wurde im Dezember 2020 die Nachricht aufgenommen vom Impfstoff gegen Covid 19. Impfstoffe stärken das Immunsystem unseres Körpers gegen den Einfluss schädlicher Viren.

Das Immunsystem unserer Seele könnte man als Selbst-Bewusstsein, Würde oder Grundvertrauen bezeichnen. Auch die Seele muss geschützt werden vor schädlichen Viren wie etwa Hass, Lieblosigkeit, Demütigung, Entwürdigung etc.

Darum ist es wichtig, sich gegen Covid 19 impfen zu lassen. Von ebensolcher Bedeutung ist es nach meinem Empfinden, Gott, den Urheber unserer Würde, um den Schutz unserer Seele zu bitten, vielleicht mit folgenden Worten:

Impfe mich, Gott, mit dem Serum des Urvertrauens,
das meine Angst überwindet, alt zu werden,
allein da zu stehen und verlassen zu sein,
Impfe mich, Gott, mit dem Stoff des Selbstvertrauens,
damit ich meinen Aufgaben gewachsen bin
und sehe, wer mich braucht und wen ich brauche,
Impfe mich, Gott, mit Heiterkeit und Gelassenheit,
damit ich in Traurigkeit tröste und getröstet werde,
Impfe mich, Gott, mit Ehrfurcht vor dem Leben,
damit ich unsere Geschwister, die Tiere und Pflanzen, achte,
Impfe mich, Gott, mit dem Atem der Liebe,
damit ich mich bergen kann im Spiel der Geschöpfe,

Impfe mich, Gott, mit Tapferkeit und Courage,
damit ich der Ausrottung der Lebensräume widerspreche,
Unrecht benenne und Wege der Wahrheit suche,
Impfe mich, Gott, mit dem Geist der Ewigkeit,
damit ich das Licht am Ende meines Daseins erkenne,
und deine Hand finde am anderen Ufer des Lebens.

Quellen

S. 13 vgl. Ingeborg Bachmann: Werke, Bd. 1. Gedichte

S. 15 „Der Radwechsel", aus: Bertolt Brecht, Werke. Große kommentierte Berliner und Frankfurter Ausgabe, Band 12: Gedichte 2.

S. 53 Christine Lavant, Zu Lebzeiten veröffentlichte Gedichte, Hg. und mit einem Nachwort von Doris Moser und Fabjan Hafner

S. 61 Zitiert nach Petrus Ceelen, Trau dem Leben, Worte, die Mut machen, kbw-Bibelwerk 2016

S. 97 vgl. A. de Saint-Exupéry, Der kleine Prinz, Düsseldorf 2003, S. 61

S. 123 Anonymer Brief eines Studenten. zitiert nach D. Sölle, Die Hinreise, Stuttgart 1976, S. 121

Autor

Ullrich Auffenberg, geboren 1949, seit 2020 im Ruhestand und Subsidiar im Raum Büren. Davor war er u.a. Referent beim Diözesan-Caritasverband Paderborn für religiös-pastorale Bildung von Mitarbeitenden in sozialen Einrichtungen sowie etliche Jahre Pfarrdechant in Rheda-Wiedenbrück, Leiter der Jugendbildungsstätte Hardehausen und der Bildungsstätte St. Bonifatius in Winterberg-Elkeringhausen.